Charles Wagner

La vie simple
ou l'esprit de simplicité dans les relations humaines

© 2024, Charles Wagner (domaine public)
Édition : BoD · Books on Demand, 31 avenue Saint-Rémy,
57600 Forbach, bod@bod.fr
Impression : Libri Plureos GmbH, Friedensallee 273,
22763 Hamburg (Allemagne)
ISBN : 978-2-3225-3254-4
Dépôt légal : Décembre 2024

Il y a une grande puissance dans la simplicité, la simplicité de la parole, la simplicité de la vie sous toutes ses formes.
(Booker T. Washington)

De toutes les dispositions de l'esprit, la simplicité est celle qui contribue davantage au bonheur de la vie.
(Johan G. Oxenstierna)

Introduction

C'est surtout aux États-Unis que le livre 'La Vie Simple', a eu son plus grand succès, comme si ce peuple de luxe et d'argent sentait mieux que tout autre, la nécessité d'une réaction contre l'envahissant besoin de richesse qui, semblable à ces rongeurs qui finissent par détériorer les plus solides meubles de noyer et de chêne, épuisait peu à peu les forces vives des nations. (cf De Dora Melegari, Le livre de l'espérance).

Ce livre est venu en son temps et répond à un besoin profond de simplification au milieu de cette époque agitée et complexe.

*

Le malade miné par la fièvre, dévoré par la soif, rêve pendant son sommeil d'un frais ruisseau où il se baigne, ou d'une claire fontaine où il boit à grandes gorgées. Ainsi dans l'agitation compliquée de l'existence moderne, nos âmes exténuées rêvent de simplicité.

Ce qu'on appelle de ce beau nom, serait-il un bien à jamais disparu? Je ne le pense pas. Si la simplicité se trouvait liée à quelques circonstances exceptionnelles que de rares époques ont seules connues, il faudrait renoncer à la réaliser encore. On ne ramène pas les civilisations vers leurs origines, pas plus qu'on ne ramène les fleuves aux flots troublés vers le vallon tranquille où les branches des aulnes se rejoignaient sur leur source.

Mais la simplicité ne dépend pas de telles ou telles conditions économiques ou sociales en particulier; c'est plutôt un esprit qui peut animer et modifier des vies de genres très différents. Loin d'en être réduits à la poursuivre de nos regrets impuissants, nous pouvons, je l'affirme, en faire l'objet de nos résolutions et le but de notre énergie pratique.

Aspirer à la vie simple, c'est proprement aspirer à remplir la plus haute destinée humaine. Tous les mouvements de l'humanité vers plus de justice et plus de lumière, ont été en même temps des mouvements vers une vie plus simple. Et la simplicité antique, dans les arts, les mœurs, les idées, ne garde pour nous son prix incomparable que parce qu'elle est parvenue à donner un relief puissant à quelques sentiments essentiels, à quelques vérités permanentes. Il faut aimer cette simplicité et s'efforcer de la garder pieusement. Mais il n'aurait fait que la centième partie du chemin, celui qui s'en tiendrait aux formes extérieures et qui ne chercherait pas à réaliser l'esprit. En effet s'il nous est impossible d'être simples dans les mêmes formes que nos pères, nous pouvons le rester ou le redevenir dans le même esprit. Nous marchons sur d'autres sentiers, mais le but de l'humanité demeure au fond le même: c'est toujours l'étoile polaire qui dirige le marin qu'il soit embarqué sur un voilier ou sur un bateau à vapeur.

Marcher vers ce but avec les moyens dont nous disposons, voilà la chose la plus importante, aujourd'hui comme jadis. Et c'est pour nous en être souvent écartés que nous avons embrouillé et compliqués notre vie.

Si je pouvais réussir à faire partager cette notion tout intérieure de la simplicité, je n'aurais pas fait un vain effort. Quelques lecteurs penseront qu'une telle notion doit pénétrer les mœurs et l'éducation. Ils commenceront par la cultiver en eux-mêmes et lui feront le sacrifice de quelques-unes de ces habitudes qui nous empêchent d'être des hommes.

Trop d'encombrantes inutilités nous séparent de l'idéal de vérité, de justice et de bonté qui doit réchauffer et vivifier nos cœurs. Toute cette broussaille, sous prétexte de nous abriter, nous et notre bonheur, a fini par nous masquer la lumière. Quand aurons-nous le courage d'opposer aux décevantes tentations d'une vie aussi compliquée qu'inféconde la réponse du sage: «Ôte-toi de mon soleil»?

*

Puissent ces pages, en se répandant, ramener l'attention de beaucoup de nos contemporains sur le premier de tous les sujets: l'emploi et l'organisation de la vie.

Et puissions-nous en méditant sur ce problème des problèmes, arriver à comprendre que le bonheur, la force et la beauté de l'existence ont pour une grande part leur source dans l'esprit de Simplicité.

L'esprit de simplicité

Avant de pouvoir exposer en quoi consisterait, dans la pratique, la simplicité à laquelle nous aspirons, il est nécessaire de la définir dans son principe même. Car l'on commet à son endroit la même erreur que nous venons de dénoncer et qui consiste à confondre l'accessoire avec l'essentiel, le fond avec la forme. On est tenté de croire que la simplicité présente certains caractères extérieurs auxquels elle se reconnaît, et dans lesquels elle consiste. Simplicité et condition simple, vêtements modestes, demeure sans faste, médiocrité, pauvreté, ces choses semblent marcher ensemble. Tel n'est pas le cas cependant. Des trois hommes que je viens de rencontrer sur ma route, l'un allait en équipage, l'autre à pied, le troisième nu-pieds. Ce dernier n'est pas nécessairement le plus simple des trois. Il se peut en effet que celui qui passe en voiture soit simple malgré sa grande situation et ne soit pas l'esclave de sa richesse; il se peut de même que l'homme en souliers n'envie pas celui qui passe en équipage, et ne méprise pas celui qui va sans chaussures, et enfin il est possible que, sous ses haillons et les pieds dans la poussière, le troisième ait la haine de la simplicité, du travail, de la sobriété et ne rêve que vie facile, jouissances, désœuvrement. Parmi les moins simples des hommes il faut compter les mendiants de profession, les chevaliers d'industrie, les parasites, tout le troupeau des obséquieux ou des envieux dont les aspirations se résument en ceci: arriver à saisir un lambeau, le plus gros possible, de cette proie que consomment les heureux de la terre. Et dans cette même catégorie, rangeons, peu importe à quel milieu ils appartiennent, les ambitieux, les roués, les efféminés, les avares, les orgueilleux, les raffinés. La livrée n'y fait rien, il faut voir le cœur. Aucune classe n'a le privilège de la simplicité, aucun costume, quelque humble qu'il paraisse, n'en est le signe assuré. Sa demeure n'est, nécessairement, ni la mansarde, ni la chaumière, ni la cellule de l'ascète, ni la barque du plus pauvre des pêcheurs. Sous toutes les formes que revêt la vie, dans toutes les positions sociales, en bas comme au sommet de l'échelle, il y a des êtres qui sont simples et d'autres qui ne le sont pas. Nous ne voulons pas dire par là que la simplicité ne se traduise par aucun indice extérieur, qu'elle n'ait pas ses allures particulières, ses goûts propres, ses mœurs; mais il ne faut pas confondre ces formes qu'on peut à la rigueur lui emprunter, avec son essence même et sa source profonde. Cette source est tout intérieure. *La simplicité est un état d'esprit.* Elle réside dans l'intention centrale qui nous anime. *Un homme est simple lorsque sa plus haute préoccupation consiste à vouloir être ce qu'il doit être, c est-à-dire un homme tout bonnement.* Cela n'est ni aussi facile ni aussi impossible qu'on pourrait se l'imaginer. Au fond cela consiste à mettre ses aspirations et ses actes d'accord avec la loi même de notre être et par conséquent avec l'intention éternelle qui a voulu que nous soyons. Qu'une fleur soit une fleur, une hirondelle une hirondelle, un rocher un rocher et qu'un homme soit un homme et non un renard, un lièvre, un oiseau de proie ou un pourceau, tout est là.

Nous voici donc amenés à formuler l'idéal pratique de l'homme. Dans toute vie nous observons une certaine quantité de forces et de substances associées pour un but. Des matériaux plus ou moins bruts y sont transformés et portés à un degré supérieur d'organisation. Il n'en est pas autrement pour la vie des hommes. *L'idéal humain consisterait ainsi à transformer la vie en biens plus grands qu'elle-même.* On peut comparer l'existence à une matière première. Ce qu'elle est, importe moins que ce qu'on en tire. Comme dans une œuvre d'art, ce qu'on doit y apprécier, c'est ce que l'ouvrier a su y mettre. Nous apportons en naissant, des dons différents. L'un a reçu de l'or, l'autre du granit, un troisième du marbre et la plupart du bois ou de l'argile. Notre tâche consiste à façonner ces matières. Chacun sait qu'on peut gâter la substance la plus précieuse, mais aussi qu'on peut tirer une œuvre immortelle d'une matière sans valeur. L'art consiste à réaliser une idée permanente, dans une forme éphémère. La vie vraie consiste à réaliser les biens supérieurs qui sont la justice, l'amour, la vérité, la liberté, l'énergie morale dans notre activité journalière, quel qu'en soit d'ailleurs le lieu ou la forme extérieure. Et cette vie est possible dans les conditions sociales les plus diverses, et avec les dons naturels les plus inégaux. Ce n'est pas la fortune ou les avantages personnels, mais le parti que nous en tirons qui constitue la valeur de la vie. L'éclat n'y fait pas plus que la longueur: la qualité, voilà le principal.

Est-il nécessaire de dire qu'on ne s'élève pas à ce point de vue, sans effort et sans lutte? L'esprit de simplicité n'est pas un bien dont on hérite, mais le résultat d'une conquête laborieuse. Bien vivre, comme bien penser, c'est simplifier. Chacun sait que la science consiste à faire sortir de la somme touffue des cas divers quelques règles générales. Mais que d'obscurités et de tâtonnements pour aboutir à la découverte de ces règles! Des siècles de recherche viennent souvent se condenser en un principe qui tient dans une ligne. La vie morale en ce point présente une grande analogie avec la vie scientifique. Elle aussi commence dans une certaine confusion, s'essaie, se cherche elle-même et souvent se trompe. Mais à force d'agir et de se rendre compte de ses actes avec sincérité, l'homme arrive à mieux savoir la vie. La loi lui apparaît, et cette loi, la voici: *Accomplir sa mission*. Celui qui s'applique à autre chose qu'à la réalisation de ce but, perd en vivant la raison d'être de la vie. Ainsi font les égoïstes, les jouisseurs, les ambitieux. Ils consoment l'existence, comme on mange son blé en herbe. Ils l'empêchent de porter son fruit. Leurs vies sont des vies perdues. Au contraire celui qui fait servir la vie à un bien supérieur, la sauve en la donnant. Les préceptes de morale, qui paraissent arbitraires aux regards superficiels et semblent faits pour contrarier notre ardeur de vie, n'ont en somme qu'un objectif: nous préserver du malheur d'avoir vécu inutilement. C'est pour cela qu'ils nous ramènent constamment à la même direction et qu'ils ont tous le même sens: ne gaspille pas ta vie; fais-la fructifier! Sache la donner pour l'empêcher de se perdre. En cela se résume l'expérience de l'humanité. Cette expérience, que chaque homme est obligé de refaire pour son compte, lui devient d'autant plus précieuse qu'elle lui a coûté plus cher. Éclairée par elle, sa démarche morale devient plus sûre, il a ses moyens d'orientation, sa norme intérieure à laquelle il peut tout ramener, et d'incertain, confus et compliqué qu'il était, il devient simple. Par l'influence constante de cette même loi qui grandit en lui et se vérifie tous les jours dans les faits, il se produit une transformation dans ses jugements et ses habitudes.

Une fois saisi par la beauté et la grandeur de la vie vraie, par ce qu'il y a de saint et de touchant dans cette lutte de l'humanité pour la vérité, pour la justice, pour la bonté, il en garde au cœur la fascination. Et tout vient se subordonner naturellement à cette préoccupation puissante et persistante. La hiérarchie nécessaire des pouvoirs et des forces s'organise en lui. L'essentiel commande, l'accessoire obéit, et l'ordre naît de la simplicité. On peut comparer le mécanisme de la vie intérieure à celui d'une armée. Une armée est forte par la discipline, et la discipline consiste dans le respect de l'inférieur pour le supérieur, et dans la concentration de toutes les énergies vers un même but. Aussitôt que la discipline se relâche, l'armée souffre. Il ne faut pas que le caporal commande au général. Examinez avec soin votre vie et celle des autres, celle de la société. Chaque fois que quelque chose cloche ou grince et qu'il naît des complications ou du désordre, c'est parce que le caporal a commandé au général. Là où la loi de simplicité pénètre dans les cœurs le désordre disparaît.

Je désespère de jamais décrire la simplicité d'une façon digne d'elle. Toute la force du monde et toute sa beauté, toute la joie véritable, tout ce qui console et augmente l'espérance, tout ce qui met un peu de lumière sur nos sentiers obscurs, tout ce qui nous fait prévoir à travers nos pauvres vies quelque but sublime et quelque avenir immense, nous vient des êtres simples qui ont assigné un autre objet à leurs désirs que les satisfactions passagères de l'égoïsme et de la vanité et qui ont compris que la science de *la vie* consistait à savoir donner sa vie.

La pensée simple

Ce n'est pas notre vie seulement dans ses manifestations pratiques, mais aussi le domaine de nos idées qui a besoin d'être déblayé. L'anarchie règne dans la pensée humaine; nous marchons en pleines broussailles, perdus dans le détail infini, sans orientation et sans direction.

Dès que l'homme a reconnu qu'il a son but, que ce but est d'être un homme, il organise sa pensée en conséquence. Toute façon de penser, de comprendre ou de juger qui ne le rend pas meilleur et plus fort, il la rejette comme malsaine.

Et tout d'abord, il fuit le travers trop commun qui consiste à s'amuser de sa pensée. La pensée est un outil sérieux qui a sa fonction dans l'ensemble: ce n'est pas un joujou. Prenons un exemple: voici un atelier de peintre. Les outils sont à leur place. Tout indique que cet ensemble de moyens est disposé en vue d'un but à atteindre. Ouvrez la porte à des singes. Ils grimperont sur les établis, se suspendront aux cordes, se draperont dans les étoffes, se coifferont avec des pantoufles, jongleront avec les pinceaux, goûteront aux couleurs, et perceront les toiles pour voir ce que les portraits ont dans le ventre. Je ne doute pas de leur plaisir, il est certain qu'ils doivent trouver ce genre d'exercice fort intéressant. Mais un atelier n'est pas fait pour y lâcher des singes. De même la pensée n'est pas un terrain d'évolutions acrobatiques. Un homme digne de ce nom pense comme il est et comme il aime; il y va de tout son cœur et non avec cette curiosité détachée et stérile qui, sous prétexte de tout voir et tout connaître, s'expose à ne jamais éprouver une saine et profonde émotion et à ne jamais produire un acte véritable.

Une autre habitude dont il est urgent de se corriger, acolyte ordinaire de la vie factice, c'est la manie de s'examiner et de s'analyser à tout propos. Je n'engage pas l'homme à se désintéresser de l'observation intérieure et de l'examen de conscience. Essayer d'y voir clair dans son esprit et dans ses motifs de conduite est un élément essentiel de la bonne vie. Mais autre chose est la vigilance, autre chose cette application incessante à se regarder vivre et penser, à se démonter soi-même comme une mécanique. C'est perdre son temps et se détraquer. L'homme qui, pour se mieux préparer à la marche, voudrait d'abord se livrer à un minutieux examen anatomique de ses moyens de locomotion risquerait de se disloquer avant d'avoir fait un seul pas. «Tu as ce qu'il te faut pour marcher, donc en avant! Prends garde de tomber et use de ta force avec discernement.» Les chercheurs de petites bêtes et les marchands de scrupules se réduisent à l'inaction. Il suffit d'une lueur de bon sens pour se rendre compte que l'homme n'est pas fait pour se regarder le nombril.

Le bon sens, ne trouvez-vous pas que ce qu'on désigne par ce mot se fait aussi rare que les bonnes coutumes d'autrefois? Le bon sens c'est vieux jeu. Il faut autre chose; et l'on cherche midi à quatorze heures. Car c'est là un raffinement que le vulgaire ne saurait se payer, et il est si agréable de se distinguer! Au lieu de se comporter comme une personne naturelle qui se sert des moyens tout indiqués dont elle dispose, nous arrivons à force de génie aux plus étonnantes singularités. Plutôt dérailler que de suivre la ligne simple! Toutes les déviations et toutes les difformités corporelles que soigne l'orthopédie, ne donnent qu'une faible idée des bosses, des torsions, des déhanchements, que nous nous sommes infligés pour sortir du droit bon sens. Et nous apprenons à nos dépens qu'on ne se déforme pas impunément. La nouveauté après tout est éphémère. Il n'y a de durable que les immortelles banalités et si l'on s'en écarte c'est pour courir les plus périlleuses aventures. Heureux celui qui en revient, qui sait redevenir simple. Le simple bon sens n'est pas, comme plusieurs peuvent se l'imaginer, la propriété innée du premier venu, bagage vulgaire et trivial qui n'a coûté de peine à personne. Je le compare à ces vieilles chansons populaires, anonymes et impérissables, qui semblent être sorties du cœur même des foules. Le bon sens est le capital lentement et péniblement accumulé par le labeur des siècles. C'est un pur trésor, dont celui-là seul comprend la valeur, qui l'a perdu ou qui voit vivre les gens qui n'en ont plus. Pour ma part je pense qu'aucune peine n'est trop grande pour acquérir et garder le bon sens, pour maintenir ses yeux clairvoyants, son jugement droit. On prend bien garde à son épée, de peur de la fausser ou de la laisser ronger par la rouille. À plus forte raison faut-il prendre soin de sa pensée.

Mais il faut bien comprendre ceci. Un appel au bon sens n'est pas un appel à la pensée terre à terre, à un positivisme étroit qui nie tout ce qu'il ne peut ni voir ni toucher. Car cela aussi est un manque de bon sens que de vouloir absorber l'homme dans sa sensation matérielle et d'oublier les hautes réalités du monde intérieur. Nous touchons ici à un point douloureux, autour duquel s'agitent les plus grands problèmes de l'humanité. Nous luttons en effet pour atteindre à une conception de la vie, nous la cherchons à travers mille obscurités et mille douleurs; et tout ce qui touche aux réalités spirituelles devient de jour en jour plus angoissant. Au milieu des graves embarras et du désordre momentané qui accompagne les grandes crises de la pensée, il semble plus que jamais difficile de se tirer d'affaire avec quelques principes simples. Pourtant la nécessité même nous vient en aide, comme elle l'a fait pour les hommes de tous les temps. Le programme de la vie est terriblement simple après tout, et par cela même que l'existence est si pressante et qu'elle s'impose, elle nous avertit qu'elle précède l'idée que nous pouvons nous en faire et que nul ne peut attendre pour vivre qu'il ait d'abord compris. Nous sommes partout en face du fait accompli avec nos philosophies, nos explications, nos croyances, et c'est ce fait accompli, prodigieux, irréfutable qui nous rappelle à l'ordre lorsque nous voulons déduire la vie de nos raisonnements et attendre pour agir que nous ayons fini de philosopher. Voilà l'heureuse nécessité qui empêche le monde de s'arrêter lorsque l'homme doute de son chemin. Voyageurs d'un jour, nous sommes emportés dans un vaste mouvement auquel nous sommes appelés à contribuer, mais que nous n'avons ni prévu, ni embrassé dans son ensemble, ni sondé dans ses fins dernières. Notre part consiste à remplir fidèlement le rôle de simple soldat qui nous est dévolu, et notre pensée doit s'adapter à cette situation. Ne disons pas que les temps sont plus difficiles pour nous que pour nos aïeux, car ce qui se voit de loin se voit souvent mal, et il y a d'ailleurs de la mauvaise grâce à se plaindre de n'être pas né du temps de son grand-père. Ce qu'on peut penser de moins contestable sur ce sujet, le voici: depuis que le monde existe il est malaisé d'y voir clair. Partout et toujours, penser juste a été difficile. Les anciens n'ont aucun privilège en cela sur les modernes. Et on peut ajouter qu'il n'y a aucune différence entre les hommes quand on en arrive à les considérer sous ce point de vue. Que l'homme obéisse ou commande, enseigne ou apprenne, tienne une plume ou un marteau, il lui en coûte également de bien discerner la vérité. Les quelques lumières que l'humanité acquiert en avançant lui sont sans doute d'une extrême utilité; mais elles agrandissent aussi le nombre et la portée des problèmes. La difficulté n'est jamais levée, toujours l'intelligence rencontre l'obstacle.

L'inconnu nous domine et nous étreint de toutes parts. Mais de même qu'on n'a pas besoin d'épuiser toute l'eau des sources pour étancher sa soif, on n'a pas besoin de tout savoir pour vivre. L'humanité vit et a toujours vécu sur quelques *provisions* élémentaires.

Nous essayerons de les indiquer: tout d'abord l'humanité vit par la *confiance*. Par là elle ne fait que refléter, dans la mesure de sa pensée consciente, ce qui est le fond obscur de tous les êtres. Une foi imperturbable à la solidité de l'univers, à son agencement intelligent, sommeille dans tout ce qui existe. Les fleurs, les arbres, les bêtes, vivent avec un calme puissant, une sécurité entière. Il y a de la confiance dans la pluie qui tombe, dans le matin qui s'éveille, dans le ruisseau qui court à la mer. Tout ce qui est, semble dire: «Je suis, donc je dois être; il y a de bonnes raisons pour cela, soyons tranquille.»

Et de même l'humanité vit de confiance. Par cela même qu'elle est, elle porte en elle la raison suffisante de son être, un gage d'assurance. Elle se repose dans la volonté qui a voulu qu'elle fût. C'est à garder cette confiance et à ne la laisser déconcerter par rien, à la cultiver au contraire et à la rendre plus personnelle et plus évidente que doit tendre le premier effort de notre pensée. Tout ce qui augmente en nous la confiance est bon. Parce que de là naît l'énergie tranquille, l'action reposée, l'amour de la vie et du labeur fécond. La confiance fondamentale est le ressort mystérieux qui met en mouvement tout ce qu'il y a de forces en nous. Elle nous nourrit. C'est par elle que l'homme vit, bien plus que par le pain qu'il mange. Ainsi tout ce qui ébranle cette confiance est *mauvais*, c'est du poison, non de la nourriture.

Est malsain tout système de pensée qui s'attaque au fait même de la vie, pour le déclarer mauvais. On a trop de fois mal pensé de la vie en ce siècle. Quoi d'étonnant que l'arbre se flétrisse quand vous en arrosez les racines de substances corrosives? Il y aurait cependant une bien simple réflexion à opposer à toute cette philosophie de néant: vous déclarez la vie mauvaise? Bon. Quel remède allez-vous nous offrir contre elle? Pouvez-vous la combattre, la supprimer? Je ne vous demande pas de supprimer votre vie, de vous suicider, à quoi cela nous avancerait-il? mais de supprimer la vie, non seulement la vie humaine, mais sa base obscure et inférieure, toute cette poussée d'existence qui monte vers la lumière et selon vous se rue vers le malheur; je vous demande de supprimer la volonté de vivre qui tressaille à travers l'immensité, de supprimer enfin la source de la vie. Le pouvez-vous? Non. Alors laissez-nous en paix. Puisque personne ne peut mettre un frein à la vie, ne vaut-il pas mieux apprendre à l'estimer et à l'employer qu'en dégoûter les gens?—Quand on sait qu'un mets est dangereux pour la santé, on n'en mange pas. Et quand une certaine façon de penser nous ôte la confiance, la joie et la force, il faut la rejeter, certains que non seulement elle est une nourriture détestable pour l'esprit, mais qu'elle est fausse. Il n'y a de vrai pour les hommes que les pensées humaines, et le pessimisme est inhumain. D'ailleurs il manque autant de modestie que de logique. Pour se permettre de trouver mauvaise cette chose prodigieuse qui se nomme la vie il faudrait en avoir vu le fond, et presque l'avoir faite. Quelle singulière attitude que celle de certains grands penseurs de ce temps! En vérité, ils se comportent comme s'ils avaient créé le monde dans leur jeunesse, il y a de cela très longtemps; mais ils en sont bien revenus et décidément c'était une faute.

Nourrissons-nous d'autres mets, fortifions nos âmes par des pensées réconfortantes. Pour l'homme, ce qu'il y a de plus vrai c'est ce qui le fortifie le mieux.

Si l'humanité vit de confiance, elle vit aussi d'espérance. L'espérance est cette forme de la confiance qui se tourne vers l'avenir. Toute vie est un résultat et une aspiration. Tout ce qui est, suppose un point de départ et tend vers un point d'arrivée. Vivre c'est devenir, devenir c'est aspirer. L'immense devenir c'est l'espérance infinie. Il y de l'espérance au fond des choses et il faut que cette espérance se reflète dans le cœur de l'homme. Sans espérance pas de vie. La même puissance qui nous fait être, nous incite à monter plus haut. Quel est le sens de cet instinct tenace qui nous pousse à progresser? Le sens vrai c'est qu'il doit résulter quelque chose de la vie, qu'il s'y élabore un bien, plus grand qu'elle-même, vers lequel elle se meut lentement, et que ce douloureux semeur qui s'appelle l'homme a besoin, comme tout semeur, de compter sur le lendemain. L'histoire de l'humanité est celle de l'invincible espérance. Autrement il y a longtemps que tout serait fini. Pour marcher sous ses fardeaux, pour se guider dans la nuit, pour se relever de ses chutes et de ses ruines, pour ne point s'abandonner dans la mort même, l'humanité a eu besoin d'espérer toujours et quelquefois contre tout espoir. Voilà le cordial qui la soutient. Si nous n'avions que la logique nous aurions depuis longtemps tiré cette conclusion: Le dernier mot est partout à la mort; et nous serions morts de cette pensée. Mais nous avons l'espérance, et c'est pour cela que nous vivons et que nous croyons à la vie.

Suso, le grand moine mystique, un des hommes les plus simples et les meilleurs qui aient jamais vécu, avait une habitude touchante: chaque fois qu'il rencontrait une femme, la plus pauvre et la plus vieille, il s'écartait respectueusement de son chemin, dût-il pour cela se mettre les pieds dans les épines ou dans une ornière boueuse. «Je fais cela, disait-il, pour rendre hommage à notre sainte dame la Vierge Marie.» Rendons à l'espérance un hommage semblable: quand nous la rencontrons sous la forme du brin de blé qui perce le sillon, de l'oiseau qui couve et nourrit sa nichée, d'une pauvre bête blessée qui se ramasse, se relève et continue son chemin, d'un paysan qui laboure et ensemence un champ ravagé par l'inondation ou la grêle, d'une nation qui lentement répare ses pertes et panse ses blessures, sous n'importe quel extérieur humble et souffreteux, saluons-la! Quand nous la rencontrons dans les légendes, dans les chants naïfs, dans les simples croyances, saluons-la encore! car c'est la même toujours, l'indestructible, la fille immortelle de Dieu.

Nous osons trop peu espérer. L'homme de ce temps a contracté des timidités étranges. La crainte que le ciel ne tombe, ce comble de l'absurdité dans la peur, selon nos ancêtres gaulois, est entrée dans nos cœurs. La goutte d'eau doute-t-elle de l'Océan? le rayon doute-t-il du soleil? Notre sagesse sénile a réalisé ce prodige. Elle ressemble à ces vieux pédagogues grognons, dont l'office principal consiste à rabrouer les joyeuses espiègleries ou les enthousiasmes juvéniles de leurs jeunes élèves. Il est temps de redevenir enfants, de réapprendre à joindre les mains et à ouvrir de grands yeux devant le mystère qui nous enveloppe, de nous souvenir que malgré notre savoir nous ne savons que peu de chose, que le monde est plus grand que notre cerveau et que c'est heureux, car s'il est si prodigieux il doit receler des ressources inconnues et on peut lui accorder quelque crédit sans se faire taxer d'imprévoyance. Ne le traitons pas comme des créanciers un débiteur insolvable. Il faut ranimer son courage et rallumer la sainte flamme de l'espérance. Puisque le soleil se lève encore, puisque la terre refleurit, puisque l'oiseau bâtit son nid, puisque la mère sourit à son enfant, ayons le courage d'être des hommes et remettons le reste à Celui qui a nombré les étoiles. Quant à moi, je voudrais pouvoir trouver des mots enflammés pour dire à quiconque se sent le cœur abattu en ce temps désabusé: relève ton courage, espère encore, celui-là est sûr de se tromper le moins qui a l'audace d'espérer le plus. *La plus naïve espérance est plus près du vrai que le désespoir le plus raisonné.*

Une autre source de lumière sur le chemin de l'humanité est la bonté. Je ne suis pas de ceux qui croient à la perfection naturelle de l'homme et enseignent que la société le corrompt. De toutes les formes du mal celle qui m'effraie le plus est au contraire la forme héréditaire. Mais je me suis parfois demandé comment il se fait que ce vieux virus empoisonné des instincts vils, des vices inoculés dans le sang, tout l'amas des servitudes que nous lègue le passé, n'ait pas eu raison de nous. C'est sans doute qu'il y a autre chose. Cette autre chose est la bonté.

Étant donné l'inconnu qui plane sur nos têtes, notre raison bornée, l'énigme angoissante et contradictoire des destinées, le mensonge, la haine, la corruption, la souffrance, la mort, que penser? que faire? À toutes ces questions réunies une voix grande et mystérieuse a répondu: *Sois bon.* Il faut bien que la bonté soit divine comme la confiance, comme l'espérance, puisqu'elle ne peut pas mourir, alors que tant de puissances lui sont contraires. Elle a contre elle la férocité native de ce qu'on pourrait appeler la bête dans l'homme; elle a contre elle la ruse, la force, l'intérêt, et surtout l'ingratitude. Pourquoi passe-t-elle blanche et intacte au milieu de ces ennemis sombres, comme le prophète de la légende sacrée au milieu des fauves rugissants?

C'est parce que ses ennemis sont chose d'en bas et que la bonté est chose d'en haut. Les cornes, les dents, les griffes, les yeux pleins d'un feu meurtrier, ne peuvent rien contre l'aile rapide qui s'élance vers les hauteurs et leur échappe. Ainsi la bonté se dérobe aux entreprises de ses ennemis. Elle fait mieux encore, elle a connu quelquefois ce beau triomphe de gagner ses persécuteurs: elle a vu les fauves se calmer, se coucher à ses pieds, obéir à sa loi.

Au cœur même de la foi chrétienne la doctrine la plus sublime et, pour qui sait en pénétrer le sens profond, la plus humaine est celle-ci: Pour sauver l'humanité perdue le Dieu invisible est venu demeurer parmi nous sous la forme d'un homme et il n'a voulu se faire connaître qu'à ce seul signe: *La bonté*.

Réparatrice, consolatrice, douce au malheureux, au méchant même, la bonté dégage la lumière sous ses pas. Elle clarifie et simplifie. La part qu'elle a choisie est la plus modeste: bander les blessures, effacer les larmes, apaiser la misère, bercer les cœurs endoloris, pardonner, concilier. Mais c'est bien d'elle que nous avons le plus besoin. Aussi puisque nous songeons à la meilleure façon de rendre la pensée féconde, simple, vraiment conforme à notre destinée humaine, nous résumerons la méthode en ces mots: *Aie confiance, espère et sois bon*.

Je ne veux décourager personne des hautes spéculations, ni dissuader qui que ce soit de se pencher sur les problèmes de l'inconnu, sur les vastes abîmes de la philosophie ou de la science. Mais il faudra toujours revenir, de ces lointains voyages, vers le point où nous sommes, et souvent même à la place où nous piétinons sans résultat apparent. Il est des conditions de vie et des complications sociales où le savant, le penseur et l'ignorant ne voient pas plus clair les uns que les autres. L'époque présente nous a souvent mis en face de ce genre de situations, et je garantis à celui qui voudra suivre notre méthode, qu'il reconnaîtra bientôt qu'elle a du bon.

Comme j'ai, en tout ceci, côtoyé le terrain religieux, dans ce qu'il a de général du moins, on me demandera peut-être de dire en quelques mots simples quelle est la meilleure religion, et je m'empresse de m'expliquer sur ce sujet. Mais peut-être ne faudrait-il pas poser la question comme on le fait d'ordinaire, en demandant quelle est la meilleure religion? Les religions ont sans doute certains caractères précis, et des qualités ou des défauts qui sont inhérents à chacune. On peut donc à la rigueur les comparer entre elles; mais à cette comparaison se mêlent toujours des partis pris ou des partialités involontaires. Il vaut mieux poser la question autrement et demander: Ma religion est-elle bonne et à quoi puis-je reconnaître qu'elle est bonne? À cette question voici la réponse: Votre religion est bonne si elle est vivante et agissante; si elle nourrit en vous le sentiment de la valeur infinie de l'existence, la confiance, l'espoir et la bonté; et elle est l'alliée de la meilleure partie de vous-même contre la plus mauvaise, et vous fait apparaître sans cesse la nécessité de devenir un homme nouveau; si elle vous fait comprendre que la douleur est une libératrice; si elle augmente en vous le respect de la conscience des autres; si elle vous rend le pardon plus facile, le bonheur moins orgueilleux, le devoir plus cher, l'au-delà moins obscur. Si oui, votre religion est bonne, peu importe son nom. Quelque rudimentaire qu'elle soit, quand elle remplit cet office, elle procède de la source authentique, elle vous lie aux hommes et à Dieu.

Mais vous servirait-elle par hasard à vous croire meilleur que les autres, à ergoter sur des textes, à renfrogner votre figure, à dominer sur la conscience d'autrui ou à livrer la vôtre à l'esclavage, à endormir vos scrupules, à pratiquer un culte par mode et par intérêt, ou à faire le bien par calcul d'outre-tombe, oh alors! que vous vous réclamiez de Bouddha, de Moïse, de Mahomet ou du

Christ même, votre religion ne vaut rien, elle vous sépare des hommes et de Dieu.

Je n'ai peut-être pas un pouvoir suffisant pour parler ainsi; mais d'autres l'ont fait avant moi, qui sont plus grands que moi, notamment celui qui raconta au scribe faiseur de questions, la parabole du bon Samaritain. Je me retranche derrière son autorité.

La parole simple.

La parole est le grand organe révélateur de l'esprit, la première forme visible qu'il se donne. Telle pensée, telle parole. Pour réformer sa vie dans le sens de la simplicité il faut veiller sur sa parole et sur sa plume. Que la parole soit simple comme la pensée, quelle soit sincère et qu'elle soit sûre: *Pense juste, parle franc!*

Les relations sociales ont pour base la confiance mutuelle et cette confiance se nourrit de la sincérité de chacun. Aussitôt que la sincérité diminue, la confiance s'altère, les rapports souffrent, l'insécurité naît. Cela est vrai dans le domaine des intérêts matériels et des intérêts spirituels. Avec des gens dont il faut sans cesse se méfier il est aussi difficile de pratiquer le commerce et l'industrie que de chercher la vérité scientifique, de poursuivre l'entente religieuse ou de réaliser la justice. Quand il faut d'abord contrôler les paroles et les intentions de chacun, et partir du principe que tout ce qui se dit et s'écrit, a pour but de vous servir l'illusion à la place de la vérité, la vie se complique étrangement. C'est le cas pour nous. Il y a trop de malins, de diplomates, qui jouent au plus fin et s'appliquent à se tromper les uns les autres, et voilà pourquoi chacun a tant de mal à se renseigner sur les choses les plus simples et qui lui importent le plus. Probablement ce que je viens de dire suffirait pour indiquer ma pensée et l'expérience de chacun pourrait apporter ici un ample commentaire avec illustrations à l'appui. Mais je n'en tiens pas moins à insister sur ce point et à m'entourer d'exemples.

Autrefois les hommes avaient pour communiquer entre eux des moyens assez réduits. Il était légitime de supposer qu'en perfectionnant et en multipliant les moyens d'information on augmenterait la lumière. Les peuples apprendraient à s'aimer en se connaissant mieux entre eux, les citoyens d'un même pays se sentiraient liés par une fraternité plus étroite, étant mieux éclairés sur tout ce qui touche la vie commune. Lorsque l'imprimerie fut créée on s'écria: *fiat lux!* et avec plus de raison encore lorsque se répandirent l'usage de la lecture et le goût des journaux. Pourquoi n'eût-on pas raisonné ainsi: deux lumières éclairent mieux qu'une et plusieurs mieux que deux; plus il y aura de journaux et de livres, mieux on saura ce qui se passe et ceux qui voudront écrire l'histoire après nous seront bien heureux, ils auront les mains pleines de documents. Rien ne semblait plus évident. Hélas! on basait ce raisonnement sur les qualités et la puissance de l'outillage, mais on calculait sans l'élément humain qui est partout le facteur le plus important. Or il s'est trouvé que les sophistes, les retors, les calomniateurs, tous gens à la langue bien pendue, et qui savent mieux que personne manier la parole et la plume, ont largement profité de tous les moyens de multiplier et de répandre la pensée. Qu'en résulte-t-il? Que nos contemporains ont toutes les peines du monde à savoir la vérité sur leur propre temps et leurs propres affaires. Pour quelques journaux qui cultivent les bons rapports internationaux, en essayant de renseigner leurs voisins équitablement et de les étudier sans arrière-pensée, combien en est-il qui sèment la méfiance et la calomnie? Que de courants factices et malsains créés dans l'opinion publique, avec de faux bruits, des interprétations malveillantes de faits ou de paroles? Sur nos affaires intérieures nous ne sommes pas beaucoup mieux renseignés que sur l'étranger. Ni sur les intérêts du commerce, de l'industrie ou de l'agriculture, ni sur les partis politiques ou les tendances sociales, ni sur le personnel mêlé aux affaires publiques, il n'est facile d'obtenir un renseignement désintéressé: plus on lit de journaux, moins on y voit clair. Il y a des jours, où après les avoir lus et en admettant qu'il les croie sur parole, le lecteur se verrait obligé de tirer la conclusion suivante: décidément il n'y a plus que des hommes tarés partout, il ne reste d'intègres que quelques chroniqueurs. Mais cette dernière partie de la conclusion tomberait à son tour. Les chroniqueurs en effet se mangent entre eux. Le lecteur aurait alors sous les yeux un spectacle analogue à celui que représente la caricature intitulée le combat des serpents. Après avoir tout dévoré autour d'eux les deux reptiles s'attaquent l'un à l'autre et s'entre-dévorent, finalement il reste sur le champ de bataille deux queues.

Et ce n'est pas l'homme du peuple seulement qui est dans l'embarras, ce sont les gens cultivés, c'est presque tout le monde. En politique, en finance, en affaires, même dans la science, les arts, la littérature et la religion, il y a partout des dessous, des trucs, des ficelles. Il y a une vérité d'exportation et une autre pour les initiés. Il s'ensuit que tous sont trompés, car on a beau être d'une cuisine, on n'est jamais de toutes, et ceux-là mêmes qui trompent les autres avec le plus d'habileté sont trompés à leur tour, lorsqu'ils ont besoin de compter sur la sincérité d'autrui.

Le résultat de ce genre de pratiques est l'avilissement de la parole humaine. Elle s'avilit d'abord aux yeux de ceux qui la manient comme un vil instrument. Il n'y a plus de parole respectée pour les discuteurs, les ergoteurs, les sophistes, tous ceux qui ne sont animés que par la rage d'avoir raison ou la prétention que leurs intérêts seuls sont respectables. Leur châtiment est d'être contraints à juger les autres d'après la règle qu'ils suivent eux-mêmes: *Dire ce qui profite et non ce qui est vrai*. Ils ne peuvent plus prendre personne au sérieux. Triste état d'esprit pour les gens qui écrivent, parlent, enseignent. Comme il faut mépriser ses auditeurs et ses lecteurs pour aller vers eux dans de semblables dispositions! Pour qui a gardé un fonds d'honnêteté, rien n'est plus révoltant que l'ironie détachée d'un acrobate de la plume ou de la parole qui essaie d'en faire accroire à quelques braves gens pleins de confiance. D'un côté l'abandon, la sincérité, le désir d'être éclairé, de l'autre la rouerie qui se moque du public. Mais il ne sait pas, le menteur, à quel point il se trompe lui-même. Le capital sur lequel il vit c'est la confiance, et rien n'égale la confiance du peuple, si ce n'est sa méfiance aussitôt qu'il s'est senti trahi. Il peut bien suivre un temps les exploiteurs de la simplicité. Mais, après cela, son humeur accueillante se transforme en aversion; les portes qui se tenaient larges ouvertes, offrent leur impassible visage de bois, et les oreilles, jadis attentives, se sont fermées. Hélas! elles se ferment alors non pour le mal seulement, mais pour le bien. Et c'est là le crime de ceux qui tordent et avilissent la parole. Ils ébranlent la confiance générale. On considère comme une calamité l'avilissement de l'argent, la baisse de la rente, la ruine du crédit: un malheur est plus grand que celui-là, c'est la perte de la confiance, de ce crédit moral que les honnêtes gens s'accordent les uns aux autres, et qui fait que la parole circule comme une monnaie authentique. À bas les faux monnayeurs, les spéculateurs, les financiers véreux, car ils font suspecter même l'argent loyal. À bas les faux monnayeurs de la plume et de la parole, car ils font qu'on ne se fie plus à rien ni à personne, et que la valeur de ce qui est dit ou écrit, ressemble à celle des billets de banque de la Sainte-Farce.

 On voit à quel point il est urgent que chacun se surveille, garde sa langue, châtie sa plume et aspire à la simplicité. Point de sens détournés, point tant de circonlocutions, point tant de réticences, de tergiversations! Cela ne sert qu'à tout embrouiller. Soyez des hommes, ayez une parole.

Une heure de sincérité fait plus pour le salut du monde que des années de rouerie.

Un mot maintenant sur un travers national et qui s'adresse à ceux qui ont la superstition de la parole et des démonstrations du style. Sans doute, il ne faut pas en vouloir aux personnes qui goûtent une parole élégante, ou une lecture délicate. Je suis d'avis qu'on ne peut jamais trop bien dire ce que l'on a à dire. Mais il ne s'ensuit pas que les choses les mieux dites et les mieux écrites soient celles qui sont les plus apprêtées. La parole doit servir le fait et non se substituer à lui et le faire oublier à force de l'orner. Les plus grandes choses sont aussi celles qui gagnent le plus à être dites avec simplicité, parce qu'alors elles se montrent telles qu'elles sont: vous ne jetez pas sur elles le voile même transparent d'un beau discours, ni cette ombre si fatale à la vérité, qu'on appelle la vanité d'un écrivain et d'un orateur. Rien n'est fort, rien n'est persuasif comme la simplicité. Il y a des émotions sacrées, de cruelles douleurs, de grands dévouements, des enthousiasmes passionnés, qu'un regard, un geste, un cri traduisent mieux que les plus belles périodes. Ce que l'humanité possède de plus précieux dans son cœur, se manifeste le plus simplement. Pour persuader il faut être vrai et certaines vérités se comprennent mieux si elles sortent de lèvres simples, infirmes même, que si elles tombent des bouches trop exercées, ou sont proclamées à la force des poumons. Ces règles-là sont bonnes pour chacun dans la vie de tous les jours. Personne ne peut s'imaginer quel profit il retirerait pour sa vie morale, de la constante observation de ce principe: être vrai, sobre, simple dans l'expression de ses sentiments et de ses convictions, en particulier comme en public, ne jamais dépasser la mesure, traduire fidèlement ce qui est en nous, et surtout nous souvenir. C'est là le principal.

Car le danger des belles paroles est qu'elles vivent d'une vie propre. Ce sont des serviteurs distingués qui ont gardé leurs titres et ne remplissent plus leurs fonctions, comme les cours royales nous en offrent l'exemple. Vous avez bien dit, vous avez bien écrit: c'est bien, il suffit.

Combien y a-t-il de gens qui se sont contentés de parler et ont cru que cela les dispensait d'agir? Et ceux qui les écoutent se contentent d'avoir entendu parler. Il se trouve ainsi qu'une vie peut bien ne se composer à la longue, que de quelques discours bien tournés, de quelques beaux livres, de quelques belles pièces de théâtre. Quant à pratiquer ce qui est si magistralement exposé, on n'y songe guère. Et si nous passons du domaine des gens de talent aux basses régions qu'exploitent les médiocres: là, dans le pêle-mêle obscur, nous verrons s'agiter tous ceux qui pensent que nous sommes sur la terre pour parler et entendre parler, l'immense et désespérante cohue des bavards, de tout ce qui braille, jase ou pérore et après cela trouve encore qu'on ne parle pas assez. Ils oublient tous que ceux qui font le moins de bruit font le plus de besogne. Une machine qui dépense toute sa vapeur à siffler n'en a plus pour faire marcher les roues. Cultivez donc le silence. Tout ce que vous retrancherez sur le bruit, vous le gagnerez en force.

Ces réflexions nous amènent à nous occuper d'un sujet voisin, très digne aussi d'attirer l'attention, je veux parler de ce qu'on pourrait nommer l'exagération du langage. Quand on étudie les populations d'une même contrée, on remarque entre elles des différences de tempérament dont le langage porte les traces. Ici, la population est plutôt flegmatique et calme: elle emploie les diminutifs, les termes atténués. Ailleurs, les tempéraments sont bien équilibrés: on entend le mot juste, exactement adapté à la chose. Mais plus loin, effet du sol, de l'air, du vin peut-être, un sang chaud circule dans les veines: on a la tête près du bonnet et l'expression outrée; les superlatifs émaillent le langage et pour dire les plus simples choses on se sert du terme fort.

Si l'allure du langage varie selon les climats, elle diffère aussi selon les époques. Comparez le langage écrit ou parlé de ce temps à celui de certaines autres périodes de notre histoire. Sous l'ancien régime on parlait autrement que sous la révolution, et nous n'avons pas le même langage que les hommes de 1830, de 1848 ou du second empire. En général le langage a une allure plus simple maintenant, nous n'avons plus de perruque, nous ne mettons plus pour écrire des manchettes de dentelles; mais un signe nous différencie de presque tous nos ancêtres, notre nervosité, source de nos exagérations.

Sur des systèmes nerveux excités, quelque peu maladifs — et Dieu sait que d'avoir des nerfs n'est plus un privilège aristocratique — les paroles ne produisent pas la même impression que sur l'homme normal. Et inversement à l'homme nerveux, le terme simple ne suffit pas, quand il cherche à exprimer ce qu'il ressent. Dans la vie ordinaire, dans la vie publique, dans la littérature et au théâtre le langage calme et sobre a fait place à un langage excessif. Les moyens que les romanciers et les comédiens ont employés pour galvaniser l'esprit public et forcer son attention, se retrouvent à l'état rudimentaire dans nos plus ordinaires conversations, dans le style épistolaire, et surtout dans la polémique. Nos procédés de langage sont à ceux de l'homme posé et calme ce qu'est notre écriture, comparée à celle de nos pères. On accuse les plumes de fer; si l'on pouvait dire vrai!

—Les oies nous sauveraient alors. Mais le mal est plus profond, il est en nous-mêmes. Nous avons des écritures d'agités et de détraqués; la plume de nos aïeux courait sur le papier plus sûre, plus reposée. Ici nous sommes en face d'un des résultats de cette vie moderne si compliquée et qui fait une si terrible consommation d'énergie. Elle nous laisse impatients, essoufflés, en perpétuelle trépidation. Notre écriture comme notre langage s'en ressentent et nous trahissent. De l'effet remontons à la source et comprenons l'avertissement qui nous est donné. Que peut-il sortir de bon de cette habitude d'exagérer son langage? Interprètes infidèles de nos propres impressions, nous ne pouvons que fausser par nos exagérations l'esprit de nos semblables et le nôtre. Entre gens qui exagèrent on cesse de se comprendre. L'irritation des caractères, les discussions violentes et stériles, les jugements précipités, dépourvus de toute mesure, les plus graves excès dans l'éducation et les rapports sociaux, voilà le résultat des intempérances de langage.

Et qu'il me soit permis, dans cet appel à la parole simple, de formuler un vœu dont l'accomplissement aurait les suites les plus heureuses. Je demande une littérature simple, non seulement comme un des meilleurs remèdes à nos âmes blasées, surmenées, fatiguées d'excentricités, mais aussi comme un gage et une source d'union sociale. Je demande aussi un art simple. Nos arts et notre littérature sont réservés aux privilégiés de la fortune et de l'instruction. Mais que l'on me comprenne bien: je n'invite pas les poètes, les romanciers, les peintres à descendre des hauteurs pour marcher à mi-côte et se complaire dans la médiocrité, mais au contraire à monter plus haut. Est populaire, non pas ce qui convient à une certaine classe de la société qu'il est convenu d'appeler la classe populaire;

est populaire ce qui est commun à tous et ce qui les unit. Les sources de l'inspiration dont pourrait naître un art simple sont dans les profondeurs du cœur humain, dans les éternelles réalités de la vie devant lesquelles tous sont égaux. Et les sources du langage populaire sont à chercher dans le petit nombre des formes simples et fortes qui expriment les sentiments élémentaires et les lignes maîtresses de la destinée humaine. C'est là qu'est la vérité, la force, la grandeur, l'immortalité. N'y aurait-il pas dans un idéal semblable de quoi enflammer les jeunes gens qui, sentant brûler en eux la flamme sacrée du beau, connaissent la pitié et préfèrent à l'adage dédaigneux: «Odi profanum vulgus», cette parole autrement humaine: «Misereor super turbam».—Quant à moi je n'ai aucune autorité artistique, mais de la foule où je vis j'ai le droit de pousser mon cri vers ceux qui ont reçu du talent et de leur dire: Travaillez pour ceux qu'on oublie. Faites-vous comprendre des humbles. Ainsi vous ferez une œuvre d'affranchissement et de pacification; ainsi vous rouvrirez les sources où puisèrent jadis ces maîtres dont les créations ont défié les âges parce qu'ils surent donner pour vêtement au génie, la simplicité.

Le devoir simple.

Quand on parle aux enfants d'un sujet qui les importune, ils vous montrent là-haut sur les toits quelque pigeon qui donne à manger à son petit, ou là-bas dans la rue quelque cocher qui maltraite son cheval. Quelquefois aussi, ils vous posent malicieusement une de ces grosses questions qui mettent l'esprit des parents à la torture: tout cela pour détourner l'attention du sujet douloureux. Je crains que nous ne soyons de grands enfants en face du devoir et que, lorsqu'il s'agit de lui, nous ne cherchions plusieurs subterfuges pour nous distraire.

Le premier subterfuge consiste à se demander s'il y a un devoir en général, ou si ce mot ne couvre pas une des nombreuses illusions de nos ancêtres. Car enfin le devoir suppose la liberté, et la question de la liberté nous mène jusqu'aux régions métaphysiques. Comment parler du devoir tant que ce grave problème du libre arbitre n'est pas résolu? — Théoriquement il n'y a rien à objecter. Et si la vie était une théorie, si nous étions là pour élaborer un système complet de l'univers, il serait absurde de nous occuper du devoir avant d'avoir démontré la liberté, fixé ses conditions, ses limites.

Mais la vie n'est pas une théorie. Sur ce point de morale pratique comme sur tous les autres, elle a devancé la théorie et il n'y a aucun lieu de croire que jamais elle ne lui cède la place. Cette liberté, relative, je l'admets, comme tout ce que nous connaissons d'ailleurs, ce devoir dont on se demanda s'il existe, n'en sont pas moins à la base de tous les jugements que nous portons sur nous et nos semblables. Nous nous traitons les uns les autres comme responsables, jusqu'à un certain point, de nos faits et gestes.

Le théoricien le plus enragé, dès qu'il sort de sa théorie, ne se fait aucun scrupule d'approuver ou de désapprouver les actes d'autrui, d'instrumenter contre ses ennemis, de faire appel à la générosité, à la justice de ceux qu'il veut dissuader d'une démarche indigne. On ne peut pas plus se défaire de la notion de l'obligation morale que de celle du temps ou de l'espace, et de même qu'il faut nous résigner à marcher avant de savoir définir cet espace que nous franchissons et ce temps qui mesure nos mouvements, il faut aussi nous soumettre à l'obligation morale avant d'en avoir touché de nos doigts les racines profondes. La loi morale domine l'homme, qu'il la respecte ou l'enfreigne. Voyez la vie de tous les jours: chacun est prêt à jeter la pierre à celui qui n'accomplit pas un devoir évident, dût-il même alléguer qu'il n'est pas encore arrivé à la certitude philosophique. Chacun lui dira et aura mille fois raison de lui dire: «Monsieur, on est un homme avant tout; payez de votre personne d'abord, faites votre devoir de citoyen, de père, de fils, etc., vous reprendrez ensuite le cours de vos méditations.»

Qu'on nous comprenne bien toutefois. Nous ne voulons détourner personne de l'investigation philosophique, de la scrupuleuse recherche des fondements de la morale. Aucune pensée qui ramène l'homme vers ces graves préoccupations ne saurait être inutile ou indifférente; nous défions seulement le penseur de pouvoir attendre qu'il ait trouvé ces fondements, pour faire acte d'humanité, d'honnêteté ou de malhonnêteté, de courage ou de lâcheté. Et surtout, nous tenons à formuler une réponse, bonne à opposer à tous les malins qui n'ont jamais été philosophes, à opposer à nous-mêmes lorsque nous voudrions invoquer notre état de doute philosophique pour justifier nos manquements pratiques. Par cela même qu'on est un homme, avant toute théorie positive ou négative sur le devoir, on a pour règle ferme de se conduire comme un homme. Il n'y a pas à sortir de là.

Mais on connaîtrait mal les ressources du cœur humain si l'on comptait sur l'effet d'une semblable réponse. Elle a beau être sans réplique, elle ne peut empêcher d'autres interrogations de surgir. La somme de nos prétextes pour nous soustraire au devoir est égale à la somme des sables de la mer ou des étoiles des cieux.

Nous nous retranchons donc derrière le devoir obscur, le devoir difficile, le devoir contradictoire. Certes voilà des mots qui évoquent de pénibles souvenirs. Être un homme de devoir et douter de son chemin, tâtonner dans l'ombre, se voir livré aux sollicitations contraires de devoirs différents, ou encore se trouver en face du devoir gigantesque, écrasant, qui dépasse nos forces, quoi de plus dur? Et ces choses arrivent. Nous ne voulons ni nier ni contester ce qu'il y a de tragique dans certains événements et de déchirant dans certaines vies. Toutefois il est rare que le devoir ait à se faire jour à travers un tel conflit de circonstances et doive jaillir de l'esprit comme l'éclair de l'orage. De si formidables secousses sont exceptionnelles. Tant mieux si nous nous tenons bien lorsqu'elles se produisent; mais si personne ne trouve étonnant que des chênes soient déracinés par la bourrasque, ou qu'un marcheur trébuche la nuit sur un chemin inconnu, ou qu'un soldat soit vaincu quand il est pris entre deux feux, personne non plus ne condamnera sans appel ceux qui ont été battus dans les luttes morales presque surhumaines. Succomber sous le nombre et les obstacles, n'a jamais été une honte.

Aussi je vais tendre mes armes à ceux qui se retranchent derrière le rempart inexpugnable du devoir obscur, compliqué, contradictoire. Pour aujourd'hui ce n'est pas là ce qui m'occupe, et c'est du devoir simple, je dirais presque du devoir facile, que je désire leur parler.

Nous avons par an trois ou quatre grandes fêtes carillonnées et beaucoup de jours ordinaires. Pareillement il y a quelques très grands et très obscurs combats à livrer. Mais à côté de cela il y a la multitude des devoirs simples, évidents. Or, tandis que dans les grandes rencontres, notre tenue est généralement suffisante, c'est précisément dans les petites occasions qu'on nous voit faiblir. Sans craindre de me laisser entraîner par une forme paradoxale de ma pensée, je déclarerai donc: l'essentiel est de remplir le devoir simple, de s'exercer à la justice élémentaire. En général ceux qui perdent leur âme, la perdent non parce qu'ils restent au-dessous du devoir difficile et qu'ils n'accomplissent pas l'impossible, mais parce qu'ils négligent d'accomplir *le devoir simple*.

Illustrons cette vérité par des exemples.

Celui qui essaie de pénétrer dans les dessous humbles de la société ne tarde pas à découvrir de grandes misères physiques et morales. À mesure qu'il y regarde de plus près, il découvre un plus grand nombre de plaies, et, à la longue, le monde des misérables lui apparaît comme une vaste création noire, devant laquelle l'individu avec ses moyens de soulagement paraît réduit à l'impuissance. Il est vrai qu'il se sent pressé d'accourir, mais en même temps il se demande: à quoi bon? Évidemment le cas est des plus angoissants. Quelques-uns le résolvent en ne faisant rien, de désespoir. Ils demeurent donc stériles et ce n'est pas pourtant la pitié, ni même les bonnes intentions, qui leur manquent. Ils ont tort. Souvent un homme n'a pas les moyens de faire le bien en gros, mais ce n'est pas une raison pour qu'il le néglige en détail. Tant de gens se dispensent de faire quelque chose parce que, selon eux, il y a trop à faire. Ils ont besoin d'être rappelés au devoir simple. Ce devoir, le voici dans le cas qui nous occupe: que chacun, selon ses ressources, ses loisirs et ses capacités, se crée des relations dans les milieux déshérités. Il y a des gens qui arrivent, avec un peu de bonne volonté, à s'introduire dans l'entourage des ministres ou à se faufiler dans la société des chefs d'État. Pourquoi ne parviendrait-on pas à nouer des relations avec les pauvres gens et à se faire des connaissances parmi les ouvriers qui manquent du nécessaire? Une fois quelques familles connues, avec leurs histoires, leurs antécédents et leurs difficultés, vous pourrez leur être d'une utilité extrême en faisant simplement ce que vous pouvez et en pratiquant la fraternité sous la forme du secours moral et matériel. Vous aurez, il est vrai, attaqué un petit coin seulement; mais vous aurez fait votre possible et peut-être entraîné quelque autre à faire son possible aussi. En agissant de la sorte, au lieu de constater seulement qu'il existe dans la société beaucoup de misère, de haine sombre, de désunion, de vice, vous y aurez introduit un peu de bien. Et pour peu que le nombre des bonnes volontés semblables à la vôtre grandisse, le bien augmentera sensiblement et le mal diminuera. Mais dussiez-vous même rester seul à faire ce que vous avez fait, on pourrait vous donner ce témoignage que vous avez fait la seule chose raisonnable, le simple et enfantin devoir qui s'offrait à vous. Or en faisant cela vous avez découvert un des secrets de la bonne vie.

L'ambition humaine embrasse dans ses rêves de vastes ensembles, mais il nous est rarement donné de faire grand, et même alors le succès rapide et sûr s'appuie toujours sur une patiente préparation. La fidélité dans les petites choses est à la base de tout ce qui s'accomplit de grand. Nous l'oublions trop. Pourtant, s'il y a une vérité nécessaire à connaître, c'est celle-là, surtout aux époques difficiles et dans les passages pénibles de l'existence. On se sauve bien en cas de naufrage sur un débris de poutre, un aviron, un morceau de planche. Sur les flots tumultueux de la vie, quand tout semble s'être brisé en miettes, souvenons-nous qu'une seule de ces pauvres miettes peut devenir notre planche de salut. La démoralisation consiste à mépriser les restes.

Vous avez été ruiné, ou un grand deuil vous a frappé, ou encore vous venez de voir se perdre sous vos yeux le fruit d'un long labeur. Il vous est impossible de reconstituer votre fortune, de ressusciter les morts, de sauver votre peine perdue. Et devant l'irréparable les bras vous tombent. Alors vous négligez de soigner votre personne, de tenir votre maison, de surveiller vos enfants. Cela est pardonnable et combien nous le comprenons! Mais cela est fort dangereux! Le laisser aller transforme le mal en un mal pire. Vous qui croyez que vous n'avez plus rien à perdre, vous allez pour cela même perdre ce qui vous reste encore. Ramassez les débris de vos biens, ayez du peu qui vous reste un soin scrupuleux. Et bientôt ce peu vous consolera. L'effort accompli vient à notre secours, comme l'effort négligé se tourne contre nous. S'il ne vous reste qu'une branche pour vous y accrocher, accrochez-vous à cette branche, et si vous restez seul à défendre une cause qui semble perdue, ne jetez pas vos armes pour rejoindre les fuyards. Au lendemain du déluge quelques isolés repeuplent la terre. L'avenir peut quelquefois ne reposer que sur une tête isolée comme il arrive qu'une vie ne tient qu'à un fil. Inspirez-vous de l'histoire et de la nature: L'une et l'autre vous apprendront en leurs laborieuses évolutions, que les calamités comme la prospérité peuvent sortir des moindres causes, qu'il n'est pas sage de négliger le détail et que surtout il faut savoir attendre et recommencer.

En parlant du devoir simple je ne puis m'empêcher de penser à la vie militaire et aux exemples qu'elle offre aux combattants de cette grande lutte qui est la vie. Celui-là comprendrait mal son devoir de soldat qui, l'armée une fois battue, s'abstiendrait de brosser ses vêtements, d'astiquer son fusil, d'observer la discipline. — À quoi bon? direz-vous peut-être. — À quoi bon? N'y a-t-il pas plusieurs façons d'être battu? Serait-il indifférent d'ajouter le découragement, le désordre, la débâcle au malheur de la défaite? Non. Il ne faut jamais oublier que le moindre acte d'énergie dans ces moments terribles est comme une lumière dans la nuit. C'est un signe de vie et d'espérance. Chacun comprend aussitôt que tout n'est pas perdu.

Pendant la désastreuse retraite de 1813–1814, au cœur de l'hiver, alors qu'il devait être presque impossible de garder une tenue quelconque, je ne sais quel général se présentait un matin à Napoléon Ier en grande tenue et rasé de frais. Le voyant, en pleine débâcle, aussi soigné que s'il allait à une revue, l'empereur lui dit: *Mon général, vous êtes un brave!*

Le devoir simple c'est encore le devoir prochain. Une très commune faiblesse empêche bien des gens de trouver intéressant ce qui est tout près d'eux; ils ne le voient que par ses côtés mesquins. Le lointain au contraire les attire et les enchante. Ainsi se dépense inutilement une somme fabuleuse de bonne volonté. On se passionne pour l'humanité, pour le bien public, pour les lointains malheurs, marchant à travers la vie, les yeux fixés sur des objets merveilleux qui nous captivent là-bas aux confins de l'horizon, tandis qu'on marche sur les pieds des passants, ou qu'on les coudoie sans les remarquer.

Singulière infirmité qui vous empêche de voir ceux qui sont là à vos côtés! Plusieurs ont fait des lectures étendues, de grands voyages; mais ils ne connaissent pas leurs concitoyens, grands ou petits; ils vivent grâce au concours d'une quantité d'êtres dont le sort leur demeure indifférent. Ni ceux qui les renseignent, les instruisent, les gouvernent, ni ceux qui les servent, les fournissent, les nourrissent n'ont jamais attiré leur attention. Qu'il y ait de l'ingratitude ou de l'imprévoyance à ne pas connaître ses ouvriers, ses domestiques, les quelques êtres enfin qui ont avec nous des relations sociales indispensables, cela ne leur est jamais venu à l'esprit. D'autres vont bien plus loin encore. Pour certaines femmes leur mari est un inconnu, et réciproquement. Il y a des parents qui ne connaissent pas leurs enfants. Leur développement, leurs pensées, les dangers qu'ils courent, les espérances qu'ils nourrissent sont pour eux un livre fermé. Bien des enfants ne connaissent pas leurs parents, n'ont jamais soupçonné leurs peines, leurs luttes, ni pénétré leurs intentions. Et je ne parle pas des mauvais ménages, de ces tristes milieux, où toutes les relations sont faussées, mais d'honnêtes familles composées de braves gens. Seulement tout ce monde est très absorbé. Chacun a son intérêt ailleurs qui lui prend tout son temps. Le devoir lointain, fort attirant, je n'en disconviens point, les réclame tout entiers et ils n'ont pas conscience du devoir prochain. Je crains qu'ils ne perdent leur peine. La base d'opération de chacun est le champ de son devoir immédiat. Négligez cette base et tout ce que vous entreprendrez au loin sera compromis. Soyez donc d'abord de votre pays, de votre ville, de votre maison, de votre église, de votre atelier, et, s'il se peut, partez de là pour aller au delà, c'est la marche simple et naturelle. Il faut que l'homme se munisse à grands frais de bien mauvaises raisons pour arriver à suivre la marche inverse. En tout cas, le résultat d'une si étrange confusion des devoirs est que plusieurs se mêlent d'une foule d'affaires sauf de ce qu'on est en droit de leur demander. Chacun s'occupe d'autre chose que de ce qui le regarde, est absent de son poste, ignore son métier. Voilà qui complique la vie. Il serait pourtant si simple que chacun s'occupât de ce qui le regarde.

Autre forme du devoir simple. Lorsqu'un dommage est causé, qui doit le réparer? — Celui qui l'a fait. Cela est juste, mais cela n'est que théorie. Et la conséquence de cette théorie serait qu'il faudrait laisser subsister le mal jusqu'à ce que les malfaiteurs soient trouvés et l'aient réparé. Mais si on ne les trouve pas? Ou s'ils ne peuvent ni ne veulent réparer?

Il pleut sur vos têtes par une tuile brisée, ou le vent pénètre chez vous par un carreau cassé. Attendrez-vous pour chercher le couvreur et le vitrier que vous ayez fait arrêter le casseur de tuile ou de carreau? Vous trouveriez cela absurde, n'est-ce pas? C'est pourtant une bien ordinaire pratique. Les enfants s'écrient avec indignation: «Ce n'est pas moi qui ai jeté cet objet, ce n'est pas moi qui le ramasserai!» Et la plupart des hommes raisonnent de même. C'est logique. Mais ce n'est pas cette logique-là qui fait marcher le monde.

Ce qu'il faut au contraire savoir et ce que la vie vous répète tous les jours c'est que le dommage causé par les uns est réparé par les autres. Les uns détruisent, les autres édifient; les uns salissent, les autres nettoient; les uns attisent les querelles, les autres les apaisent; les uns font couler les larmes, les autres consolent; les uns vivent pour l'iniquité, les autres meurent pour la justice. Et c'est dans l'accomplissement de cette loi douloureuse qu'est le salut. Cela aussi est logique, mais de cette logique des faits qui fait pâlir celle des théories. La conclusion à tirer n'est pas douteuse. Un homme au cœur simple la tire ainsi: étant donné le mal, la grande affaire est de le réparer et de s'y mettre sur-le-champ; tant mieux si messieurs les malfaiteurs veulent bien contribuer à la réparation: mais l'expérience nous déconseille de trop compter sur leur concours.

Mais quelque simple que soit le devoir, encore faut-il avoir la force de l'accomplir. Cette force, en quoi consiste-t-elle et où se trouve-t-elle? On ne saurait se lasser d'en parler. Le devoir est pour l'homme un ennemi et un importun tant qu'il n'apparaît que comme une sollicitation extérieure. Quand il entre par la porte, l'homme sort par la fenêtre et quand il nous bouche les fenêtres on s'échappe par les toits. Mieux on le voit venir plus on l'évite sûrement. Il est pareil à ce gendarme, représentant de la force publique et de la justice officielle, dont un adroit filou parvient toujours à se garer. Hélas! le gendarme réussirait-il à lui mettre la main au collet, il pourrait tout au plus le conduire au poste mais non pas sur le droit chemin. Pour que l'homme accomplisse son devoir il faut qu'il soit tombé aux mains d'une autre force que celle qui dit: fais ceci, fais cela; évite ceci, évite cela, autrement gare à toi!

Cette force intérieure est l'amour. Quand un homme déteste son métier ou s'y livre avec nonchalance, toutes les puissances de la terre sont inhabiles à le lui faire exercer avec entrain. Mais celui qui aime sa fonction marche tout seul; non seulement il est inutile de le contraindre, mais il serait impossible de le détourner. Il en est pour tous ainsi. La grande chose, c'est d'avoir éprouvé ce qu'a de saint et d'immortellement beau notre obscure destinée; c'est d'avoir été déterminés par une série d'expériences à aimer cette vie pour ses douleurs et pour son espérance, à aimer les hommes pour leur misère et pour leur noblesse, et à être de l'humanité par le cœur, l'intelligence et les entrailles. Alors une force inconnue s'empare de nous, comme le vent s'empare des voiles d'un navire, et nous emporte vers la pitié et la justice. Et cédant à cette poussée irrésistible, nous disons: *Je ne puis faire autrement, c'est plus fort que moi.* En s'exprimant ainsi les hommes de tous les âges et de tous les milieux désignent une puissance qui est plus haute que l'homme, mais qui peut demeurer dans le cœur des hommes. Et tout ce qu'il y a en nous de vraiment élevé nous apparaît comme une manifestation de ce mystère qui nous dépasse. Les grands sentiments comme les grandes pensées, comme les grands actes, sont chose d'inspiration. Lorsque l'arbre verdit et donne son fruit c'est qu'il puise dans le sol les forces vitales, et reçoit du soleil la lumière et la chaleur. Si un homme, dans son humble sphère, au milieu des ignorances et des fautes inévitables, se consacre sincèrement à sa tâche, c'est qu'il est en contact avec la source éternelle de bonté. Cette force centrale se manifeste sous mille formes diverses. Tantôt elle est l'énergie indomptable, tantôt la tendresse caressante, tantôt l'esprit militant qui attaque et détruit le mal, tantôt la sollicitude maternelle qui ramasse au bord du chemin où elle se perdait quelque vie froissée et oubliée, tantôt l'humble patience des longues recherches… Mais tout ce qu'elle touche porte sa signature, et les hommes qu'elle anime sentent que c'est par elle que nous sommes et que nous vivons. La servir est leur bonheur et leur récompense. Il leur suffit d'être ses instruments et ils ne regardent plus à l'éclat extérieur de leur fonction, sachant bien que rien n'est grand et que rien n'est petit, mais que nos actes et notre vie valent seulement par l'esprit qui les pénètre.

Les besoins simples.

Quand on achète un oiseau chez l'oiseleur, ce brave homme nous dit brièvement ce qu'il faut à notre nouveau pensionnaire, et tout cela, hygiène, nourriture et le reste, tient en quelques mots. De même, pour résumer les besoins essentiels de la plupart des êtres, quelques indications sommaires suffiraient. Leur régime est en général d'une extrême simplicité et tant qu'ils le suivent ils se portent bien comme des enfants obéissants de mère nature. Qu'ils s'en écartent, les complications surviennent, la santé s'altère, la gaîté s'en va. Seule, la vie simple et naturelle peut maintenir un organisme en pleine vigueur. Faute de nous souvenir de ce principe élémentaire, nous tombons dans les plus étranges aberrations.

Que faut-il à un homme pour vivre matériellement dans les meilleures conditions possibles? Une nourriture saine, des vêtements simples, une demeure salubre, de l'air et du mouvement. Je ne vais pas entrer dans des détails d'hygiène, ni composer des menus, ou indiquer des modèles d'habitation et des coupes de vêtements. Mon but est de marquer une direction et de dire quel avantage il y aurait pour chacun à ordonner sa vie dans un esprit de simplicité. — Pour nous assurer que cet esprit ne règne pas assez dans notre société, il suffit de voir vivre les hommes de toutes les classes. Posez à différents individus, de milieux très distincts, cette question: Que vous faut-il pour vivre?... Vous verrez ce qu'ils répondront. Il n'y a rien d'instructif comme cela.

Pour les uns, autochtones de l'asphalte parisien, il n'y a pas de vie possible en dehors d'une certaine région circonscrite par quelques boulevards. Là est l'air respirable, la bonne lumière, la température normale, la cuisine classique, et, à discrétion, tant d'autres choses sans lesquelles il ne vaudrait pas la peine de se promener sur la machine ronde.

Aux divers échelons de la vie bourgeoise, on répond à la question que faut-il pour vivre, par un chiffre, variable selon le degré d'ambition, ou d'éducation, et par éducation, on entend, le plus souvent, les habitudes extérieures de la vie, la façon de se loger, de se vêtir et de se nourrir, une éducation toute à fleur de peau. À partir d'un certain chiffre de rente, de bénéfice, ou de traitement, la vie devient possible. Au-dessous, elle est impossible. On a vu des gens se suicider parce que leur avoir était descendu au-dessous d'un certain minimum. Ils ont préféré disparaître que de se restreindre. Notez que ce minimum, cause de leur désespoir, eût sans doute été acceptable encore pour d'autres, aux besoins moins exigeants, et enviable pour des gens aux goûts modestes.

Dans les hautes montagnes la flore change suivant l'altitude. Il y a la région des cultures ordinaires, celle des forêts, celle des pâturages, celle des rochers nus et des glaciers. — À partir d'une certaine zone on ne trouve plus de blé, mais la vigne prospère encore; le chêne cesse dans une région assez basse, le sapin se plaît à des hauteurs considérables. La vie humaine avec ses besoins rappelle ces phénomènes de la végétation.

À une certaine altitude de fortune on voit réussir le financier, l'homme des clubs, les grandes mondaines, et enfin tous ceux pour qui le strict nécessaire comprend un certain nombre de domestiques et d'équipages, ainsi que plusieurs demeures en ville et à la campagne. Plus loin s'épanouit le gros bourgeois avec ses mœurs et ses allures propres. On voit fleurir dans d'autres régions l'aisance large, moyenne, ou modeste, et des catégories fort inégales d'exigences. Puis viennent les petites gens, les artisans, les ouvriers, les paysans, la masse enfin, qui vit drue et serrée comme l'herbe fine sur le sommet des montagnes, là où les grands végétaux ne trouvent plus de quoi se nourrir. Dans toutes ces provinces différentes de la société, on vit, et ceux qui croissent là sont des hommes, au même titre. Il paraît étrange qu'il y ait entre semblables de si prodigieuses différences de besoins. Et ici les analogies de notre comparaison nous abandonnent. Les plantes et les animaux des mêmes familles ont des besoins identiques. La vie humaine nous amène à des observations contraires. Quelles conclusions en tirer si ce n'est qu'il y a une élasticité considérable dans la nature et le nombre de nos besoins!

Est-il utile, est-il favorable au développement de l'individu et à son bonheur, au développement et au bonheur de la société que l'homme ait une multitude de besoins et s'applique à les satisfaire? — Tout d'abord reprenons notre comparaison avec les êtres inférieurs. Pourvu que leurs besoins essentiels soient satisfaits, ils vivent contents. En est-il de même dans la société humaine? Non. À tous ses degrés nous rencontrons le mécontentement. J'excepte complètement ici ceux qui manquent du nécessaire. On ne saurait sans injustice assimiler aux mécontents ceux auxquels le froid, la faim, la misère arrachent des plaintes. Je ne veux m'occuper que de cette multitude de gens qui vivent dans des conditions après tout supportables. D'où vient leur mécontentement? Pourquoi se rencontre-t-il non seulement chez les personnes de condition modeste quoique suffisante, mais encore, sous des nuances toujours plus raffinées, jusque dans l'opulence et au sommet des situations sociales! On parle de bourgeois repus. Qui en parle? Ceux qui, les jugeant du dehors, pensent que depuis le temps qu'ils s'en donnent ils doivent en avoir vraiment assez. Mais eux-mêmes se jugent-ils satisfaits? Pas le moins du monde. S'il y a des gens riches et contents, soyez sûrs qu'ils ne sont pas contents parce qu'ils sont riches, mais parce qu'ils savent être contents. Une bête est repue parce qu'elle a mangé, elle se couche et dort. Un homme peut bien aussi se coucher et dormir pour un certain temps; mais cela ne dure jamais, il s'habitue au bien-être, s'en lasse et en demande un plus grand. L'appétit n'est pas apaisé chez l'homme par la nourriture, il vient en mangeant. Cela peut paraître absurde, c'est la pure vérité.

Et le fait que ceux qui se plaignent le plus sont presque toujours ceux qui auraient le plus de raisons pour se déclarer satisfaits, prouve bien que le bonheur n'est pas lié au nombre de nos besoins et à l'empressement que nous mettons à les cultiver. Chacun est intéressé à se pénétrer de cette vérité. S'il ne le fait pas, si par un acte d'énergie, il ne parvient à limiter ses exigences, il risque de s'engager insensiblement sur la pente du désir.

L'homme qui vit pour manger, boire, dormir, se vêtir, se promener, se donner enfin tout ce qu'il peut se donner, qu'il soit le parasite couché au soleil, l'ouvrier buveur, le bourgeois serviteur de son ventre, la femme absorbée dans ses toilettes, le viveur de bas étage ou le viveur de marque, ou qu'il soit simplement l'épicurien vulgaire, mais bon garçon, trop docile aux besoins matériels, cet homme-là, disons-nous, est engagé sur la pente du désir, et cette pente est fatale. Ceux qui la descendent obéissent aux mêmes lois que les corps roulant sur un plan incliné. En proie à une illusion sans cesse renaissante, ils se disent: encore quelques pas, les derniers, vers cet objet là-bas qui attire notre convoitise... Puis nous nous arrêterons. Mais la vitesse acquise les entraîne. Plus ils vont, moins ils peuvent lui résister.

Voilà le secret de l'agitation, de la rage de beaucoup de nos contemporains. Ayant condamné leur volonté à être l'esclave de leurs appétits, ils reçoivent le châtiment de leurs œuvres. Ils sont livrés aux fauves désirs, implacables, qui mangent leur chair, broient leurs os, boivent leur sang et ne sont jamais assouvis. Je ne fais pas ici de morale transcendante, j'écoute parler la vie en notant au passage quelques-unes des vérités dont tous les carrefours nous répètent l'écho.

L'ivrognerie, si inventive pourtant de breuvages nouveaux, a-t-elle trouvé le moyen d'éteindre la soif? Non, on pourrait plutôt l'appeler l'art d'entretenir la soif et de la rendre inextinguible. Le dévergondage émousse-t-il l'aiguillon des sens? Non, il l'exaspère, et convertit le désir naturel en obsession morbide, en idée fixe. Laissez régner vos besoins et entretenez-les, vous les verrez se multiplier comme les insectes au soleil. Plus vous leur avez donné, plus ils demandent. Il est insensé celui qui cherche le bonheur dans le seul bien-être. Autant vaudrait entreprendre de remplir le tonneau des Danaïdes. À ceux qui ont des millions il manque des millions, à ceux qui ont des mille, il manque des mille. Aux autres il manque des pièces de vingt francs ou de cent sous. Quand ils ont la poule au pot ils demandent l'oie, quand ils ont l'oie ils voudraient la dinde et ainsi de suite. On ne saura jamais combien cette tendance est funeste. Il y a trop de petites gens qui veulent imiter les grands, trop d'ouvriers qui singent le bourgeois, trop de filles du peuple qui font les demoiselles, trop de petits employés qui jouent au clubman et au sportsman, et dans les classes aisées et riches, trop de gens qui oublient que ce qu'ils possèdent pourrait servir à mieux qu'à s'accorder toutes sortes de jouissances pour constater après qu'on n'en a jamais assez. Nos besoins, de serviteurs qu'ils devraient être, sont devenus une foule turbulente, indisciplinée, une légion de tyrans au petit pied. On ne peut mieux comparer l'homme esclave de ses besoins qu'à un ours qui a un anneau dans le nez et qu'on mène et fait danser à volonté. La comparaison n'est pas flatteuse; mais avouez qu'elle est vraie. C'est par leurs besoins qu'ils sont traînés, tant de gens qui se démènent, crient et parlent de liberté, de progrès, de je ne sais quoi encore. Ils ne sauraient faire un pas dans la vie, sans se demander si cela ne contrarie pas leurs maîtres. Que d'hommes et de femmes sont allés, de proche en proche, jusqu'à la malhonnêteté, pour la seule raison qu'ils avaient trop de besoins et ne pouvaient pas se résigner à vivre simplement! Il y a dans les cellules de Mazas nombre de pensionnaires qui pourraient nous en dire long sur le danger des besoins trop exigeants.

Laissez-moi vous conter l'histoire d'un brave homme que j'ai connu. Il aimait tendrement sa femme et ses enfants, et vivait en France, de son travail, dans une jolie aisance, mais qui était loin de suffire aux besoins luxueux de son épouse. Toujours à court d'argent, alors qu'il aurait pu vivre largement avec un peu de simplicité, il a fini par s'expatrier dans une colonie lointaine où il gagne beaucoup d'argent, laissant les siens dans la mère patrie. Je ne sais ce que cet infortuné doit penser là-bas; mais les siens ont un plus bel appartement, de plus belles toilettes, et un semblant d'équipage. Et pour le moment leur contentement est extrême. Mais ils seront bientôt habitués à ce luxe après tout rudimentaire. Dans quelque temps madame trouvera son ameublement mesquin, et son équipage pauvre. Si cet homme aime sa femme comme il n'en faut point douter, il émigrera dans la lune pour avoir un plus gros traitement.— Ailleurs les rôles sont renversés, c'est la femme et les enfants qui sont sacrifiés aux besoins voraces du chef de famille à qui la vie irrégulière, le jeu et tant d'autres folies coûteuses font oublier ses devoirs. Entre ses appétits et son rôle paternel il s'est décidé pour les premiers et lentement il dérive vers l'égoïsme le plus vil.

Cet oubli de toute dignité, cet engourdissement progressif des sentiments nobles ne se remarque pas seulement chez les jouisseurs des classes aisées. L'homme du peuple aussi est atteint. Je connais bien des petits ménages où pourrait régner le bonheur, mais où vous verriez une pauvre mère de famille qui n'a que peine et chagrin jour et nuit, des enfants sans souliers et souvent de gros soucis pour le pain. Pourquoi? Parce qu'il faut trop d'argent au père. Pour ne parler que de la dépense en alcool, chacun sait les proportions qu'elle a atteintes depuis vingt ans. Les sommes englouties par ce gouffre sont fabuleuses: deux fois la rançon de la guerre de 1870. Combien de besoins légitimes on aurait pu satisfaire avec ce qui a été jeté en pâture aux besoins factices? Le règne des besoins n'est pas celui de la solidarité, bien au contraire. Plus il faut de choses à un homme pour lui-même, moins il peut faire pour le prochain, même pour ceux qui lui sont attachés par les liens du sang.

Diminution du bonheur, de l'indépendance, de la délicatesse morale, voire des sentiments de solidarité, tel est le résultat du règne des besoins. On pourrait y ajouter une multitude d'autres inconvénients dont le moindre n'est pas l'ébranlement de la fortune et de la santé publiques. Les sociétés qui ont de trop grands besoins s'absorbent dans le présent, elles lui sacrifient les conquêtes du passé et lui immolent l'avenir. Après nous le déluge! Raser les forêts pour en tirer de l'argent, manger son blé en herbe, détruire en un jour le fruit d'un long travail, brûler ses meubles pour se chauffer, charger l'avenir de dettes pour rendre agréable le moment actuel, vivre d'expédients, et semer pour le lendemain des difficultés, les maladies, la ruine, l'envie, les rancunes,... on n'en finirait pas si l'on voulait énumérer tous les méfaits de ce régime funeste.

Au contraire, si nous nous en tenons aux besoins simples, nous évitons tous ces inconvénients et nous les remplaçons par une multitude d'avantages. C'est une vieille histoire que la sobriété et la tempérance sont les meilleures gardiennes de la santé. À celui qui les observe elles épargnent bien des misères qui attristent l'existence; elles lui assurent la santé, l'amour de l'action, l'équilibre intellectuel. Qu'il s'agisse de la nourriture, du vêtement, de l'habitation, la simplicité du goût est en outre une source d'indépendance et de sécurité. Plus vous vivez simplement, plus vous sauvegardez votre avenir. Vous êtes moins à la merci des surprises, des chances contraires. Une maladie ou un chômage ne suffisent pas pour vous jeter sur le pavé. Un changement, même notable, de situation ne vous désarçonne pas. Ayant des besoins simples, il vous est moins pénible de vous accommoder aux chances de la fortune. Vous resterez un homme même en perdant votre place ou vos rentes, parce que le fondement sur lequel repose votre vie n'est ni votre table, ni votre cave, ni votre écurie, ni votre mobilier, ni votre argent. Vous ne vous comporterez pas dans l'adversité comme un nourrisson auquel on aurait retiré son hochet ou son biberon. Plus fort, mieux armé pour la lutte, présentant, comme ceux qui ont les cheveux ras, moins de prise aux mains de l'adversaire, vous serez en outre plus utile à votre prochain. Vous n'exciterez ni sa jalousie, ni ses bas appétits, ni sa réprobation par l'étalage de votre luxe, par l'iniquité de vos dépenses, par le spectacle d'une existence parasitaire; et moins exigeant pour votre propre bien-être vous garderez des moyens de travailler à celui des autres.

Le plaisir simple.

Trouvez-vous ce temps amusant? Je le trouve, quant à moi, plutôt triste dans son ensemble. Et je crains que mon impression ne soit pas toute personnelle. À regarder vivre mes contemporains, à les écouter parler, je me sens malheureusement confirmé dans le sentiment qu'ils ne s'amusent pas beaucoup. Ce n'est pourtant pas faute d'essayer; mais il faut avouer qu'ils y réussissent médiocrement. À quoi cela peut-il bien tenir?

Les uns accusent la politique ou les affaires, d'autres les questions sociales ou le militarisme. On n'a que l'embarras du choix quand on se met à égrener le chapelet de nos gros soucis. Allez donc après vous amuser. Il y a trop de poivre dans notre soupe pour que nous la mangions avec plaisir. Nous avons les bras chargés d'une foule d'embarras, dont chacun suffirait à lui seul pour nous gâter l'humeur. Du matin au soir, où que vous alliez, vous rencontrez des gens pressés, harcelés, préoccupés. Ceux-ci ont laissé tout leur bon sang dans les méchants conflits d'une politique hargneuse; ceux-là sont écœurés des procédés vils, des jalousies qu'ils ont rencontrés dans le monde de la littérature ou des arts. La concurrence commerciale trouble aussi bien des sommeils; les programmes d'études trop exigeants et les carrières trop encombrées gâtent la vie aux jeunes gens; la classe ouvrière subit les conséquences d'une lutte industrielle sans trêve. Il devient désagréable de gouverner parce que le prestige s'en va, d'enseigner parce que le respect diminue: partout où l'on jette les yeux il y a des sujets de mécontentement.

Et pourtant l'histoire nous représente certaines époques tourmentées, à qui manquait autant qu'à la nôtre la tranquillité idyllique, et que les plus graves événements n'ont pas empêché de connaître la gaîté. Il semble même que la gravité des temps, l'insécurité du lendemain, la violence des commotions sociales devienne à l'occasion une source nouvelle de vitalité. Il n'est pas rare de voir les soldats chanter entre deux batailles, et je ne crois guère me tromper en disant que la joie humaine a célébré ses plus beaux triomphes dans les temps les plus durs, au milieu des obstacles. Mais on avait alors, pour dormir paisible avant la bataille, ou pour chanter dans la tourmente, des motifs d'ordre intérieur qui nous font peut-être défaut. La joie n'est pas dans les objets, elle est en nous. Et je persiste à croire que les causes de notre malaise présent, de cette mauvaise humeur contagieuse qui nous envahit, sont en nous au moins autant que dans les circonstances extérieures.

Pour s'amuser de tout cœur il faut se sentir sur une base solide, il faut croire à la vie et la posséder en soi. Et c'est là ce qui nous manque. Beaucoup d'hommes, même hélas! parmi les jeunes sont aujourd'hui brouillés avec la vie, et je ne parle pas des philosophes seuls. Comment voulez-vous qu'on s'amuse quand on a cette arrière-pensée qu'il vaudrait peut-être mieux, après tout, que rien n'eût jamais existé? Nous observons en outre dans les forces vitales de ce temps une dépression inquiétante qu'il faut attribuer à l'abus que l'homme a fait de ses sensations. Trop d'excès de toute nature ont faussé nos sens et altéré notre faculté d'être heureux. La nature succombe sous les excentricités qu'on lui a infligées. Profondément atteinte dans sa racine, la volonté de vivre, malgré tout persistante, cherche à se satisfaire par des moyens factices. On a recours dans le domaine médical à la respiration artificielle, à l'alimentation artificielle, à la galvanisation. De même nous voyons autour du plaisir expirant une multitude d'êtres empressés à le réveiller, à le ranimer. Les moyens les plus ingénieux ont été inventés: il ne sera pas dit qu'on a lésiné sur les frais. Tout a été tenté, le possible et l'impossible. Mais dans tous ces alambics compliqués on n'est jamais parvenu à distiller une goutte de joie véritable. Il ne faut pas confondre le plaisir et les instruments de plaisir. Suffirait-il de s'armer d'un pinceau pour être peintre, ou de s'acheter à grands frais un stradivarius pour être musicien? De même eussiez-vous pour vous amuser tout l'attirail extérieur le plus perfectionné, le plus ingénieux, vous n'en seriez pas plus avancé. Mais avec un débris de charbon, un grand peintre peut tracer une esquisse immortelle. Il faut du talent ou du génie pour peindre, et pour s'amuser il faut avoir la faculté d'être heureux. Quiconque la possède s'amuse à peu de frais. Cette faculté se détruit dans l'homme par le scepticisme, la vie factice, l'abus; elle s'entretient par la confiance, la modération, les habitudes normales d'activité et de pensée.

Une excellente preuve de ce que j'avance, et très facile à recueillir, se trouve dans ce fait que partout où se rencontre une vie simple et saine, le plaisir authentique l'accompagne, comme le parfum les fleurs naturelles. Cette vie a beau être difficile, entravée, privée de ce que nous considérons d'ordinaire comme les conditions mêmes du plaisir, on y voit réussir la plante délicate et rare, la joie. Elle perce entre deux pavés serrés, dans l'anfractuosité d'un mur, dans une fissure de rocher. On se demande comment et d'où elle vient. Mais elle vit, alors que dans les serres chaudes, les terrains grassement fumés, vous la cultivez au poids de l'or pour la voir s'étioler et mourir entre vos doigts.

Demandez aux acteurs de théâtre quel public s'amuse le mieux à la comédie, ils vous répondront que c'est le public populaire. La raison n'en est pas très difficile à saisir. Pour ce public-là, la comédie est une exception, il ne s'en est pas saturé à force d'en prendre. Et puis c'est un repos à ses rudes fatigues. Ce plaisir qu'il savoure il l'a gagné honnêtement et il en connaît le prix comme il connaît celui des petits sous gagnés à la sueur du front. Au surplus, il n'a pas fréquenté les coulisses, il ne s'est pas mêlé aux intrigues d'artistes, il ignore les ficelles, il croit que c'est arrivé. Pour tous ces motifs il jouit d'un plaisir sans mélange. Je vois d'ici le sceptique blasé dont le monocle étincelle dans cette loge, jeter sur la foule amusée un regard dédaigneux:

Pauvres gens, idiots, peuple ignorant et rustre!

Et pourtant ce sont eux les vrais vivants, tandis qu'il est, lui, un être artificiel, un mannequin, incapable de ressentir cette belle et salutaire ivresse d'une heure de franc plaisir.

Malheureusement la naïveté s'en va, même des régions populaires. Nous voyons le peuple des villes, et celui des campagnes à sa suite, rompre avec les bonnes traditions. L'esprit perverti par l'alcool, la passion du jeu, les lectures malsaines, contracte peu à peu des goûts maladifs. La vie factice fait irruption dans les milieux jadis simples, et du coup c'est comme lorsque le phylloxéra se met à la vigne. L'arbre robuste de la joie rustique voit sa sève tarir, ses feuilles se teindre de jaune. Comparez une fête champêtre du bon vieux style avec une de ces fêtes de village soi-disant modernisées. D'un côté, dans le cadre respecté des coutumes séculaires, de solides campagnards chantent les chansons du pays, dansent les danses du pays en costume de paysans, absorbent des boissons naturelles et semblent complètement à leur affaire. Ils s'amusent comme le forgeron forge, comme la cascade tombe, comme les poulains bondissent dans la prairie. C'est contagieux, cela vous gagne le cœur. Malgré soi on se dit: «Bravo les enfants, c'est bien cela!» On demanderait à être de la partie. De l'autre côté, je vois des villageois déguisés en citadins, des paysannes enlaidies par la modiste, et comme ornement principal de la fête un ramassis de dégénérés qui braillent des chansonnettes de café-concert: et quelquefois à la place d'honneur quelques cabotins de dixième ordre venus pour la circonstance afin de dégrossir ces ruraux et leur faire goûter des plaisirs raffinés. Pour boissons, des liqueurs à base d'eau-de-vie de pomme de terre ou de l'absinthe. Dans tout cela ni originalité ni pittoresque. Du laisser aller peut-être et de la vulgarité, mais non pas cet abandon que procure le plaisir naïf.

Cette question du plaisir est capitale. Les gens posés la négligent en général comme une futilité; les utilitaires, comme une superfétation coûteuse. Ceux qu'on désigne sous le nom d'hommes de plaisir fourragent dans un domaine si délicat comme des sangliers dans un jardin. On ne paraît se douter nullement de l'immense intérêt humain qui s'attache à la joie. C'est une flamme sacrée qu'il faut nourrir et qui jette sur la vie un jour éclatant. Celui qui s'attache à l'entretenir, fait une œuvre aussi profitable à l'humanité, que celui qui construit des ponts, perce des tunnels, cultive la terre. Se conduire de telle sorte qu'on maintienne en soi, au milieu des labeurs et des peines de la vie, la faculté d'être heureux et qu'on puisse, comme par une espèce de contagion salutaire, la propager parmi ses semblables, est faire œuvre de solidarité dans ce que ce terme a de plus noble. Donner un peu de plaisir, dérider les fronts soucieux, mettre un peu de lumière sur les chemins obscurs, quel office vraiment divin dans cette pauvre humanité! Mais ce n'est qu'avec une grande simplicité de cœur qu'on arrive à le remplir.

Nous ne sommes pas assez simples pour être heureux et pour rendre les autres heureux. Il nous manque la bonté et le détachement de nous-mêmes. Nous répandons la joie comme nous répandons la consolation, par des procédés tels que nous obtenons des résultats négatifs. Pour consoler quelqu'un que faisons-nous? Nous nous attachons à nier sa souffrance, à la discuter, à lui persuader qu'il se trompe en se croyant malheureux. Au fond, notre langage traduit en paroles de vérité se réduit à ceci: «Tu souffres, ami. C'est étrange; tu dois te tromper, car je ne sens rien.» Le seul moyen humain de soulager une souffrance étant de la partager par le cœur, que doit éprouver un malheureux consolé de la sorte?

Pour divertir notre prochain et lui faire passer un moment agréable, nous nous y prenons de la même façon: nous le convions à admirer notre esprit, à rire de nos saillies, à fréquenter notre maison, à s'asseoir à notre table et partout éclate notre souci de paraître. Quelquefois aussi nous lui faisons, avec une libéralité protectrice, l'aumône d'une distraction de notre choix. À moins que nous ne l'invitions à s'amuser avec nous, comme nous l'inviterions à faire une partie de cartes, avec l'arrière-pensée de l'exploiter à notre profit. Pensez-vous que le plaisir par excellence pour autrui soit de nous admirer, de reconnaître notre supériorité, ou de nous servir d'instrument? Y a-t-il au monde un ennui comparable à celui de se sentir exploité, protégé, enrôlé dans une claque? Pour donner du plaisir aux autres et en prendre soi-même, il faut commencer par écarter le moi qui est haïssable et le tenir enchaîné pendant toute la durée des divertissements. Il n'y a pas de pire trouble-fête que celui-là. Soyons bon enfant, aimable, bienveillant, rentrons nos médailles, nos plaques, nos titres, et mettons-nous à la disposition des autres de tout cœur!

Vivons quelquefois ne fût-ce que pendant une heure, et toute autre chose cessante, pour faire sourire autrui. Le sacrifice n'est qu'apparent, personne ne s'amuse mieux que ceux qui savent se donner simplement pour procurer à leur entourage un peu de bonheur et d'oubli.

Quand serons-nous assez simplement hommes pour ne pas faire figurer au premier rang dans nos réunions de plaisir toutes les choses qui nous agacent les nerfs dans la vie de tous les jours? Ne pourrons-nous pas oublier pour une heure nos prétentions, nos divisions, nos classifications, nos personnages enfin, pour redevenir enfants et rire encore de ce bon rire qui fait tant de bien et rend les hommes meilleurs?

Je me sens pressé ici de faire une remarque d'un genre tout particulier et d'offrir par là à mes lecteurs bien intentionnés des occasions de s'atteler à une œuvre magnifique. Mon but est de recommander à leur attention plusieurs catégories de personnes assez négligées au point de vue du plaisir.

On pense qu'un balai ne peut servir qu'à balayer, un arrosoir à arroser, un moulin à café à moudre du café, et de même on pense qu'un infirmier n'est fait que pour soigner les malades, un professeur pour instruire, un prêtre pour prêcher, enterrer, confesser, une sentinelle pour monter la garde. Et on en conclut que les êtres livrés aux travaux les plus sérieux sont voués à leurs fonctions comme le bœuf au labour. Des divertissements sont incompatibles avec ce genre d'activité. Poussant cette manière de voir plus avant, on se croit autorisé à penser que les personnes infirmes, affligées, ruinées, les vaincus de la vie et tous ceux qui ont quelque lourd fardeau à porter, sont du côté de l'ombre comme le versant nord des montagnes et qu'il est nécessaire qu'il en soit ainsi. D'où l'on en conclut assez généralement que les hommes graves n'ont pas besoin de plaisir et qu'il serait malséant de leur en offrir. Quant aux affligés, ce serait manquer à la délicatesse de rompre le fil de leurs tristes pensées. Il semble donc admis que certaines personnes sont condamnées à demeurer toujours austères, qu'il faut les aborder avec une mine austère et ne leur parler que de choses austères. De même, il faut laisser le sourire à la porte quand on va voir les malades, les malheureux, prendre une figure sombre, un air lamentable et choisir des sujets de conversation navrants. Ainsi on apporte du noir à ceux qui sont dans le noir, de l'ombre à ceux qui sont à l'ombre. On contribue à augmenter l'isolement des isolés, la monotonie des vies mornes. On claquemure certaines existences comme dans un cachot; parce qu'il pousse de l'herbe autour de leurs asiles déserts, on parle bas en les approchant comme en approchant des tombeaux. Qui se doute de l'œuvre infernale de cruauté accomplie ainsi chaque jour dans le monde! Il ne faut pas qu'il en soit ainsi.

Quand vous verrez des hommes ou des femmes consacrés aux tâches sévères ou à l'office douloureux qui consiste à fréquenter les misères humaines et à bander les plaies, souvenez-vous que ces êtres sont faits comme vous, qu'ils ont les mêmes besoins et qu'il est des heures où il leur faut du plaisir et de l'oubli. Vous ne les détournerez pas de leur mission en les faisant rire quelquefois, eux qui voient tant de larmes et de peines. Au contraire vous leur rendrez des forces pour mieux continuer leur labeur.

Et quand vous connaîtrez des familles éprouvées ou des individus affligés, ne les entourez pas, comme des pestiférés, d'un cordon sanitaire que vous ne franchirez qu'en prenant des précautions qui leur rappellent leur triste sort. Au contraire, après avoir montré toute votre sympathie, tout votre respect de leur douleur, soulagez-les, aidez-leur à vivre, apportez-leur un parfum du dehors, quelque chose enfin qui leur rappelle que leur malheur ne les exclut pas du monde.

Étendez aussi votre sympathie à tous ceux qui ont des occupations absorbantes et sont pour ainsi dire rivés sur place. Le monde est plein d'êtres sacrifiés qui n'ont jamais de repos ni de plaisir et auxquels la moindre liberté, le plus modeste répit fait un bien immense. Et ce minimum de soulagement, il serait si facile de le leur procurer si seulement l'on y songeait. Mais voilà, le balai est fait pour balayer et il semble qu'il ne puisse pas sentir de fatigue. Il faut se débarrasser de cet aveuglement coupable qui nous empêche de voir la lassitude de ceux qui sont toujours sur la brèche. Relevons les sentinelles perdues du devoir, procurons une heure à Sisyphe pour souffler. Prenons un moment la place de la mère de famille que les soins du ménage et des enfants rendent esclave, sacrifions un peu de notre sommeil à ceux qu'usent les longues veilles près des malades. Jeune fille que peut-être la promenade n'amuse pas toujours, prenez le tablier de la cuisinière et donnez-lui la clef des champs. Ainsi vous ferez des heureux et vous le serez vous-mêmes. Nous marchons constamment à côté d'êtres chargés de fardeaux que nous pourrions prendre sur nous ne fût-ce que pour un peu de temps. Mais ce court répit suffirait pour guérir des maux, ranimer la joie éteinte dans bien des cœurs, ouvrir une large carrière à la bonne volonté entre les hommes. Comme on se comprendrait mieux si l'on savait se mettre de tout cœur à la place les uns des autres et comme il y aurait plus de plaisir à vivre!

J'ai trop parlé ailleurs de l'organisation du plaisir parmi la jeunesse pour y revenir ici en détail[1]. Mais je tiens à dire en substance ce qu'on ne saurait assez répéter: si vous voulez que la jeunesse soit morale, ne négligez pas ses plaisirs et n'abandonnez pas au hasard le soin de les lui procurer. Vous me répondrez peut-être que la jeunesse n'aime pas qu'on réglemente ses distractions, et que d'ailleurs celle d'aujourd'hui est gâtée et ne s'amuse que trop. Je vous répondrai d'abord qu'on peut suggérer des idées, indiquer des directions, créer des occasions de plaisir, sans rien réglementer. En second lieu, je vous ferai observer que vous vous trompez en vous imaginant que la jeunesse s'amuse trop. À part les plaisirs factices, énervants et dissolvants qui flétrissent la vie au lieu de la faire fleurir et resplendir, il lui reste aujourd'hui très peu de chose. L'abus, cet ennemi de l'usage légitime, a si bien barbouillé la terre qu'il devient difficile de toucher à quelque chose qu'il n'ait pas sali. De là des prudences, des défenses, des prohibitions sans nombre. On ne peut presque pas bouger quand on veut éviter tout ce qui ressemble aux plaisirs malsains. Dans la jeunesse actuelle, surtout chez celle qui se respecte, le manque de plaisir occasionne des souffrances profondes. On n'est pas sevré sans inconvénients de ce vin généreux. Impossible de prolonger cet état de choses sans épaissir l'ombre sur les têtes de nos jeunes générations. Il faut venir à leur secours. Nos enfants héritent d'un monde qui n'est pas gai. Nous leur léguons de gros soucis, des questions embarrassantes, une vie chargée d'entraves et de complications. Tentons du moins un effort pour éclairer le matin de leurs jours. Organisons le plaisir, créons-lui des abris, ouvrons nos cœurs et nos maisons. Mettons la famille dans notre jeu. Que la gaieté cesse d'être une denrée d'exportation. Réunissons nos fils que nos intérieurs moroses poussent dans la rue, et nos filles qui s'ennuient dans la solitude. Multiplions les fêtes de famille, les réceptions et les excursions en famille; élevons chez nous la bonne humeur à la hauteur d'une institution. Que l'école se mette de la partie. Que les maîtres et les élèves, écoliers ou étudiants, se rencontrent plus souvent et s'amusent ensemble. Cela fait avancer le travail sérieux. Il n'y a rien de tel pour bien comprendre son professeur que d'avoir ri en sa compagnie, et réciproquement pour bien comprendre un étudiant ou un écolier, il faut l'avoir vu ailleurs que sur les bancs ou sur la sellette d'examen.

—Et qui fournira l'argent? — Quelle question! C'est bien là l'erreur centrale. Le plaisir et l'argent; on prend cela pour les deux ailes du même oiseau. Hélas! l'illusion est grossière! Le plaisir, comme toutes les choses vraiment précieuses en ce monde, ne peut ni se vendre ni s'acheter. Pour s'amuser il faut payer de sa personne, c'est l'essentiel. On ne vous défend pas d'ouvrir votre bourse si vous le pouvez faire et si vous le trouvez utile. Mais je vous assure, ce n'est pas indispensable. Le plaisir et la simplicité sont deux vieilles connaissances. Recevez simplement, réunissez-vous simplement. Ayez bien travaillé d'abord; soyez aussi aimable, aussi loyal que possible pour vos compagnons et ne dites pas de mal des absents: le succès sera certain.

L'esprit mercenaire et la simplicité.

Nous venons de coudoyer en passant un certain préjugé fort répandu, qui attribue à l'argent une puissance magique. Rapprochés ainsi d'un terrain brûlant, nous ne l'éviterons pas; mais nous allons y poser le pied, persuadés qu'il y a sur ce point plusieurs vérités à dire. Elles ne sont point neuves, mais elles sont si oubliées!

Je ne vois aucun moyen de nous passer de l'argent. Tout ce qu'ont pu faire jusqu'à ce jour certains théoriciens ou législateurs qui l'accusent de tous les maux, c'est d'en changer le nom ou la forme. Mais ils n'ont jamais pu se passer d'un signe représentatif de la valeur commerciale des choses. Vouloir supprimer l'argent est une tentative analogue à celle qui voudrait supprimer l'écriture. Il n'en est pas moins vrai que cette question de l'argent est très troublante. Elle forme un des éléments principaux de notre vie compliquée. Les difficultés économiques où nous nous débattons, les conventions sociales, tout l'agencement de la vie moderne ont porté l'argent à un rang si éminent qu'il n'est pas étonnant que l'imagination humaine lui attribue une sorte de royauté. Et c'est par ce côté que nous devons aborder le problème.

Le terme d'argent a pour pendant celui de marchandise. S'il n'y avait point de marchandise l'argent n'existerait pas. Mais tant qu'il y aura de la marchandise il y aura de l'argent, peu importe sous quelle forme. La source de tous les abus dont l'argent est devenu le centre réside dans une confusion. On a confondu dans le terme et dans la notion de marchandise des objets qui n'ont aucun rapport ensemble. On a voulu donner une valeur vénale à des choses qui n'en peuvent ni doivent en avoir aucune. Les idées d'achat et de vente ont envahi des provinces où elles peuvent être à juste titre considérées comme des étrangères, des ennemies, des usurpatrices. Il est légitime que du blé, des pommes de terre, du vin, des étoffes soient à vendre et qu'on les achète. Il est parfaitement naturel que le labeur d'un homme lui procure des droits à la vie et qu'on lui remette en main une valeur qui représente ces droits. Mais ici déjà l'analogie cesse d'être complète. Le travail d'un homme n'est pas une marchandise au même titre qu'un sac de blé ou un quintal de charbon. Il entre dans ce travail des éléments qu'on ne peut évaluer en monnaie. Enfin, il est des choses qui ne sauraient s'acheter: le sommeil par exemple, la connaissance de l'avenir, le talent. Celui qui nous les offre en vente peut être considéré comme un fou ou un imposteur. Pourtant il y a des gens qui battent monnaie avec ces choses. Ils vendent ce qui ne leur appartient pas et leurs dupes paient des valeurs illusoires en monnaie véritable. De même, il y a des marchands de plaisir, des marchands d'amour, des marchands de miracles, des marchands de patriotisme, et ce titre de commerçant qui est si honorable quand il représente un homme faisant commerce de ce qui est en effet une denrée commerciale devient la pire flétrissure quand il s'agit des choses du cœur, de la religion, de la patrie.

Presque tout le monde est d'accord pour trouver honteux qu'on trafique de ses sentiments, de son honneur, de sa robe, de sa plume, de son mandat. Malheureusement ce qui ne souffre aucune contradiction dans la théorie, ce qui, dit comme nous le disons, ressemble plutôt à une banalité qu'à une haute vérité morale, a une peine infinie à pénétrer dans la pratique. Le trafic a envahi le monde. Les vendeurs se sont installés jusqu'au sanctuaire, et par sanctuaire je n'entends pas seulement les choses religieuses, mais tout ce que l'humanité a de sacré et d'inviolable. Ce n'est pas l'argent qui complique la vie, la corrompt et l'altère, c'est notre esprit mercenaire.

L'esprit mercenaire ramène tout à une seule question: *Combien cela va-t-il me rapporter?* il résume tout dans un axiome: *Avec de l'argent, on peut tout se procurer.* Avec ces deux principes de conduite une société peut descendre à des degrés d'infamie qu'il est impossible de dépeindre et d'imaginer.

Combien cela va-t-il me rapporter? Cette question si légitime tant qu'il s'agit des précautions que chacun doit prendre pour assurer sa subsistance par son travail, devient funeste aussitôt qu'elle sort de ses limites et domine toute la vie. Cela est si vrai qu'elle avilit même le travail qui est notre gagne-pain. Je fournis du travail payé, rien de mieux; mais si je n'ai pour m'inspirer pendant ce travail que le seul désir de toucher ma paye, rien de pire. Un homme qui n'a pour motif d'action que son salaire fait de la mauvaise besogne. Ce qui l'intéresse n'est pas le travail, c'est l'argent. S'il peut rogner sur sa peine sans retrancher de son gain, soyez sûr qu'il le fera. Maçon, laboureur, ouvrier d'usine, celui qui n'aime pas son labeur n'y met ni intérêt, ni dignité, et c'est en somme un mauvais ouvrier. Le médecin qui n'est préoccupé que des honoraires est un homme auquel il ne fait pas bon confier sa vie, car ce qui le met en mouvement c'est le désir de garnir sa bourse avec le contenu de la vôtre. S'il est de son intérêt que vous souffriez plus longtemps, il est capable de cultiver votre maladie au lieu de fortifier votre santé. Celui qui n'aime dans l'instruction de l'enfance que le profit qu'elle procure est un triste professeur, car ce profit est médiocre, mais son enseignement plus médiocre encore. Que vaut le journaliste mercenaire? Le jour où vous n'écrivez que pour le sou, votre prose cesse de valoir même ce sou. Plus le travail humain touche à des objets de nature élevée, plus l'esprit mercenaire, s'il intervient, le stérilise et le corrompt. On a mille fois raison de dire que toute peine mérite salaire, que tout homme qui consacre son effort à entretenir la vie doit avoir sa place au soleil,—et quiconque ne fait rien d'utile, ne gagne pas sa vie, en un mot n'est qu'un parasite. Mais il n'y a pas de plus grave erreur sociale que d'en arriver à faire du gain l'unique mobile d'action. Ce que nous mettons de meilleur dans notre œuvre, qu'elle se fasse à la force des bras, par la chaleur du cœur, ou la tension de l'intelligence, c'est précisément ce que personne ne peut nous payer. Rien ne prouve mieux que l'homme n'est pas une machine, que ce fait: deux hommes à l'œuvre avec les mêmes forces, les mêmes gestes, produisent des résultats tout différents. Où est la cause de ce phénomène? Dans la divergence de leurs intentions. L'un a l'esprit mercenaire, l'autre a l'âme simple. Tous les deux touchent leur paye, mais le travail de l'un est stérile, l'autre a mis son âme dans son travail. Le travail du premier est comme le grain de sable qui reste toute l'éternité sans qu'il en sorte rien, le travail de l'autre est comme la graine vivante jetée au sol, il germe et produit des moissons. Il n'y a pas d'autre secret pour expliquer que tant de gens n'ont pas réussi en employant les mêmes procédés extérieurs que d'autres. Les automates ne se reproduisent pas et le travail du mercenaire ne produit pas de fruit.

Sans doute nous sommes obligés de nous incliner devant le fait économique, de reconnaître les difficultés de la vie; de jour en jour il devient plus urgent de bien combiner ses moyens d'action pour arriver à nourrir, à vêtir, à loger, à élever sa famille. Celui qui ne tient pas compte de ces nécessités impérieuses, qui ne calcule pas et ne prévoit pas, n'est qu'un illuminé ou un maladroit, tôt ou tard exposé à tendre la main à ceux dont il méprise la parcimonie. Et cependant que deviendrions-nous, si ce genre de souci nous absorbait tout entiers? si, parfaits comptables, nous voulions mesurer notre effort à l'argent qu'il nous rapporte, ne plus rien faire qui n'aboutisse à une recette et considérer comme choses inutiles ou peines perdues ce qui ne peut pas s'aligner en chiffres sur un livre de comptes?

Nos mères ont-elles touché quelque chose pour nous aimer, nous élever? Qu'adviendrait-il de notre piété filiale si nous voulions toucher quelque chose pour aimer et soigner nos vieux parents?

Qu'est-ce que cela rapporte de dire la vérité? du désagrément, quelquefois des souffrances et des persécutions. De défendre son pays? des fatigues, des blessures et souvent la mort. De faire du bien? des ennuis, de l'ingratitude, des ressentiments même. Il entre du dévouement dans toutes les fonctions essentielles de l'humanité. Je défie les plus fins calculateurs de se maintenir dans le monde sans jamais faire appel à autre chose qu'au calcul. Sans doute on proclame intelligents ceux qui s'entendent à «faire leur pelote». Mais regardez-y de près. Combien, dans leur pelote, y a-t-il de fil qu'ils doivent au dévouement des simples? Auraient-ils bien réussi, s'ils n'avaient rencontré dans le monde que des malins de leur espèce ayant pour devise: Pas d'argent, pas de Suisse! Disons-le hautement: c'est grâce à quelques-uns qui ne comptent pas trop rigoureusement, que le monde se soutient. Les plus beaux services rendus, les plus dures besognes sont en général peu ou point rétribués. Heureusement qu'il restera toujours des hommes prêts aux fonctions désintéressées et même à celles qui ne sont payées qu'en souffrances, et qui coûtent l'argent, le repos, la vie. Le rôle de ces hommes-là est souvent pénible et ne va pas sans découragements. Qui de nous n'a entendu faire des récits d'expériences douloureuses où le narrateur regrettait ses bontés passées, le mal qu'il s'était donné pour ne récolter que des déboires. On conclut généralement ces confidences en disant: j'ai été assez bête pour faire ceci et cela. Quelquefois on a raison de se juger ainsi parce que c'est toujours un tort de jeter les perles aux pourceaux; mais que de vies dont les seuls actes vraiment beaux sont précisément ceux dont on se repent à cause de l'ingratitude des hommes! Ce qu'il faudrait souhaiter à l'humanité, c'est que le nombre de ces actes bêtes aille grandissant.

J'en arrive maintenant au credo de l'esprit mercenaire. Sa qualité est d'être bref. Pour le mercenaire la loi et les prophètes sont contenus dans ce seul axiome: *Avec de l'argent on peut tout se procurer.* À regarder la vie sociale superficiellement rien de plus évident. «Nerf de la guerre», «preuve sonnante», «clef qui ouvre toutes les portes», «roi du monde»!… On pourrait, en recueillant tout ce qu'on a dit de la gloire et de la puissance de l'argent, faire une litanie plus longue que celle qui se chante en l'honneur de la Vierge Marie. Il faut avoir été sans le sou, ne fût-ce qu'un jour ou deux, et avoir essayé de vivre dans le monde où nous sommes, pour se faire une idée de ce qui manque à celui dont la bourse est vide. J'engage ceux qui aiment les contrastes et les situations imprévues à essayer de vivre sans argent pendant une demi-semaine seulement, et loin de leurs amis et connaissances, du milieu enfin où ils sont quelqu'un. Ils feront plus d'expériences en quarante-huit heures qu'un homme établi pendant toute son année. Hélas! ces expériences quelques-uns les font malgré eux, et lorsque la ruine véritable s'abat sur leur tête ils ont beau rester dans leur patrie, parmi les compagnons de leur jeunesse, leurs anciens collaborateurs et même leurs obligés, on affecte de ne plus les connaître. Avec quelle amertume ils commentent le credo mercenaire: avec de l'argent on peut tout se procurer, sans argent impossible de rien avoir. Vous devenez le paria, le lépreux, celui dont chacun se détourne. Les mouches vont aux cadavres, les hommes vont à l'argent. Aussitôt que l'argent se retire le vide se fait. Il en a fait couler des larmes le credo mercenaire! larmes amères, larmes de sang pleurées par ceux-là mêmes qui avaient peut-être été jadis les adorateurs du veau d'or.

Et pourtant ce credo est faux, archi-faux. Je ne vais pas marcher à l'attaque, avec de vieilles rengaines comme celle de l'homme riche égaré dans un désert et qui ne peut même pas se procurer une goutte d'eau pour son argent; ou celle du millionnaire décrépit qui donnerait la moitié de ce qu'il possède pour acheter à un solide gaillard sans le sou, ses vingt ans et sa robuste santé! Je n'essayerai pas non plus de vous prouver qu'on ne peut pas acheter le bonheur. Tant de gens parmi ceux qui ont de l'argent et surtout parmi ceux qui n'en ont pas, sourient de cette vérité comme du plus usé de tous les clichés. Mais j'en appellerai aux souvenirs, aux expériences de chacun pour faire toucher du doigt le grossier mensonge que recouvre un axiome que tout le monde va répétant.

Garnissez votre bourse du mieux que vous pourrez et partons ensemble pour une ville d'eaux, comme il y en a beaucoup. Je veux dire un de ces endroits jadis inconnus, pleins de gens simples, respectueux, accueillants, parmi lesquels il faisait bon vivre et sans grande dépense. La Renommée aux cent trompettes les a tirés de l'ombre, leur a enseigné le parti qu'ils pourraient tirer de leur situation, de leur climat, de leurs personnes. Vous partez, sur la foi de dame Renommée, et vous vous flattez qu'avec votre argent vous pourrez vous procurer une retraite paisible, et loin du monde factice et civilisé, tisser un peu de poésie dans la trame de vos jours. — La première impression est bonne: le cadre naturel et certaines coutumes patriarcales, lentes à disparaître, vous frappent d'abord favorablement.

Mais à mesure que les jours passent l'impression se gâte, les dessous apparaissent. Ce que vous considériez comme du vieux authentique, pareil aux meubles de famille séculaires, n'est que du truquage pour mystifier les gobeurs. Il y a des étiquettes sur tout, tout est à vendre, depuis le sol jusqu'aux habitants. Ces primitifs sont devenus les plus roués des gens d'affaires. Étant donné votre argent, ils ont résolu le problème de se le procurer au moins de frais possible. Ce ne sont que ficelles, pièges partout tendus comme des toiles d'araignées et la mouche que ces gens attendaient au fond de leur trou c'est vous. Voilà ce que vingt ou trente ans de régime mercenaire ont fait d'une population qui était autrefois simple, honnête, et dont le contact faisait du bien aux citadins surmenés. Le pain de ménage a disparu, le beurre sort de l'usine, ils possèdent à merveille la méthode pour écrémer le lait et les dernières recettes pour falsifier les vins; ils ont tous les vices des citadins moins leurs vertus.

En partant vous comptez votre argent. Il en manque beaucoup; et vous vous plaignez. Vous avez tort. On n'achète jamais trop cher la conviction qu'il y a des choses qu'on ne peut pas se procurer pour de l'argent.

Vous avez besoin dans votre maison d'un employé intelligent et habile, essayez de vous procurer cet oiseau rare. D'après le principe qu'on peut tout avoir avec de l'argent, vous devrez, suivant que vous offrez des appointements médiocres, ordinaires, bons, très bons, excellents… trouver des employés médiocres, ordinaires, très bons, supérieurs. Mais tous ceux qui se présenteront pour occuper le poste vacant se rangeront dans la dernière catégorie, et ils se seront préalablement procuré des certificats à l'appui de leurs prétentions. Il est vrai que neuf fois sur dix, à l'épreuve de la pratique, il apparaîtra que ces personnages si habiles manquent totalement de savoir-faire. Alors pourquoi se sont-ils engagés chez vous? Ils devraient à la vérité de répondre comme le fait dans la comédie la cuisinière cher payée et qui ne sait rien faire.— Pourquoi vous êtes-vous engagée comme cordon bleu?— *C'est pour toucher le sou du franc.* Voilà la grande affaire. Vous trouverez toujours des gens qui aiment toucher de gros traitements. Plus rarement vous trouverez des capacités. Et si c'est de la probité qu'il vous faut, les difficultés augmenteront. Des mercenaires, vous en trouverez aisément; du dévouement, c'est autre chose. Loin de moi la pensée de nier l'existence de serviteurs dévoués, d'employés probes et intelligents à la fois. Mais vous en rencontrerez autant, et quelquefois plus, parmi les mal payés que parmi les plus grassement rétribués. Et peu importe en somme où ils se rencontrent, soyez sûrs qu'ils ne sont pas dévoués par intérêt, ils le sont parce qu'ils ont gardé un fonds de simplicité qui les rend capables d'abnégation.

On va aussi répétant partout que l'argent est le nerf de la guerre. Sans doute la guerre coûte beaucoup d'argent et nous en savons quelque chose. Est-ce à dire que pour se défendre contre ses ennemis et faire honneur à son drapeau il suffise qu'un pays soit riche? Les Grecs se sont chargés jadis d'administrer aux Perses la preuve du contraire, et cette preuve-là ne cessera d'être répétée dans l'histoire. Avec de l'or on peut acheter des vaisseaux, des canons, des chevaux; mais on ne peut pas acheter le génie militaire, la sagesse politique, la discipline, l'enthousiasme. Mettez des milliards entre les mains de vos recruteurs et chargez-les de vous amener un grand capitaine et une armée de sans-culottes. Vous trouverez cent capitaines pour un seul et mille soldats, mais envoyez-les au feu: vous en aurez pour votre argent.

Du moins pourrait-on s'imaginer qu'avec de l'argent tout court il soit possible de soulager les misères et de faire du bien. Hélas! cela aussi est une illusion dont il faut revenir. L'argent, par grosses ou par petites sommes, est une graine qui fait germer les abus. À moins d'y ajouter de l'intelligence, de la bonté, une grande expérience des hommes, vous ne ferez que du mal, et vous risquerez fort de corrompre ceux qui reçoivent vos largesses et ceux que vous avez chargés de les distribuer.

L'argent ne peut pas suffire à tout, il est une puissance, mais il n'est pas la toute-puissance. Rien ne complique la vie, rien ne démoralise l'homme, rien ne fausse le fonctionnement normal de la société comme le développement de l'esprit mercenaire. Partout où il règne, c'est la duperie de tous par tous. On ne peut plus se fier à rien ni à personne, on ne peut plus rien obtenir qui vaille. Nous ne sommes pas des détracteurs de l'argent; mais il faut lui appliquer la loi commune: *Tout à sa place, tout à son rang!* Lorsque l'argent, qui doit être un serviteur, devient une force tyrannique, irrespectueuse de la vie morale, de la dignité, de la liberté; lorsque les uns s'efforcent de se le procurer à tout prix, apportant au marché ce qui n'est pas une marchandise; lorsque les autres qui possèdent la richesse s'imaginent qu'ils peuvent obtenir d'autrui ce qu'il n'est permis à personne de vendre ni d'acheter, il faut s'insurger contre cette grossière et criminelle superstition, crier hautement à l'imposture: que ton argent périsse avec toi! Ce que l'homme a de plus précieux il l'a en général reçu gratuitement: qu'il sache donc le donner gratuitement.

La réclame et le bien ignoré.

Une des principales puérilités de ce temps est l'amour de la réclame. Percer, se faire connaître, sortir de l'obscurité, quelques-uns sont à tel point dévorés par ce désir, qu'on peut à juste titre les déclarer atteints du prurit de la publicité. À leurs yeux l'obscurité est l'ignominie par excellence; aussi font-ils tout pour être remarqués. Ils se considèrent dans leur existence ignorée comme des êtres perdus, comparables aux naufragés qu'une nuit de tempête a jetés sur quelque rocher désert et qui ont recours aux clameurs, aux détonations, au feu, à tous les signaux imaginables pour faire savoir à quelqu'un qu'ils sont là. Non contents de lancer des pétards et des fusées innocentes, plusieurs sont allés, pour se faire connaître à tout prix, jusqu'à la bassesse et jusqu'au crime. L'incendiaire Érostrate a fait de nombreux disciples. Combien sont-ils de ce temps qui ne sont devenus célèbres que pour avoir détruit quelque chose de marquant, démoli ou essayé de démolir une réputation illustre, signalé leur passage enfin, par un scandale, une méchanceté ou quelque barbarie retentissante.

Cette rage de la notoriété ne sévit pas seulement parmi les cervelles fêlées, ou dans le monde des financiers douteux, des charlatans, des cabotins de tout rang, elle s'est répandue dans tous les domaines de la vie spirituelle et matérielle. La politique, la littérature, la science même, et, chose plus choquante, la charité et la religion ont été infestées par les réclames. On sonne de la trompette autour des bonnes œuvres et pour convertir les âmes on a imaginé des pratiques criardes. Poursuivant ses ravages, la fièvre du bruit a gagné des retraites d'ordinaire silencieuses, troublé les esprits en général posés et vicié dans une large mesure l'activité pour le bien. L'abus de tout montrer ou plutôt de tout étaler, l'incapacité croissante d'apprécier ce qui reste caché et l'habitude de mesurer la valeur des choses au tapage qu'elles font, a fini par altérer le jugement des plus sérieux, et l'on se demande parfois si la société ne finira pas par se transformer en une vaste foire où chacun bat de la caisse devant sa baraque.

On quitte volontiers la poussière et l'intolérable cacophonie des exhibitions foraines pour aller respirer à l'aise dans quelque vallon écarté, tout surpris de voir combien le ruisseau est limpide, la forêt discrète, et la solitude agréable. Dieu merci, il y a encore des asiles inviolés. Quelque formidable que soit le vacarme, quelque assourdissante que soit la mêlée où s'entre-choquent les voix des pitres, tout cela ne porte pas au delà d'une certaine limite, puis s'apaise et s'éteint. Le domaine du silence est plus vaste que celui du bruit; c'est là ce qui nous console.

Posons le pied au seuil de ce monde infini qu'habite le bien ignoré, le labeur silencieux. Nous sommes d'emblée sous ce charme qu'on éprouve à voir les neiges immaculées où personne n'imprima ses pas, les fleurs des solitudes, les sentiers perdus qui semblent aller vers les horizons sans limites.

Le monde est ainsi fait que les ressorts du travail, les agents les plus actifs sont partout dissimulés. La nature met une sorte de coquetterie à masquer son labeur. Il faut se donner la peine de la guetter, s'ingénier à la surprendre si l'on désire observer autre chose que des résultats et pénétrer dans les secrets de ses laboratoires. Pareillement dans la société humaine, les forces qui agissent pour le bien demeurent invisibles et de même encore dans la vie de chacun de nous: ce que nous avons de meilleur est incommunicable, enfoui au plus profond de nous-mêmes.

Plus les sentiments sont énergiques, confondus avec la racine même de notre être, moins ils recherchent l'ostentation; ils croiraient se profaner en s'empressant de s'exposer au grand jour. Il y a une secrète et inexprimable joie à posséder au fond de soi-même un monde intérieur que Dieu seul connaît et d'où cependant nous vient l'impulsion, l'entrain, le renouvellement journalier de notre courage et les plus puissants motifs d'agir au dehors. Quand cette vie intime diminue d'intensité, quand l'homme la néglige pour soigner la surface, il perd en valeur tout ce qu'il gagne en apparence. Par une triste fatalité, il arrive ainsi que, souvent, nous valons moins à mesure que nous sommes admirés davantage. Et nous demeurons convaincus que ce qu'il y a de meilleur dans le monde c'est ce qu'on ne sait pas, car ceux-là seuls le savent qui le possèdent, et s'ils le disaient ils lui ôteraient du même coup son parfum.

Quelques amants passionnés de la nature l'aiment surtout chez elle dans les coins reculés, au fond des bois, dans le creux des sillons, partout où le premier venu n'est pas admis à la contempler. Ils resteraient des jours, oubliant le temps et la vie à regarder dans les solitudes inviolées un oiseau construire son nid ou nourrir sa couvée, ou quelque gibier se livrer à ses gracieux ébats. C'est ainsi qu'il faut aller chercher le bien chez lui, là où il n'y a plus ni contrainte, ni pose, ni galerie d'aucune sorte, mais le fait simple d'une vie qui consiste à vouloir être ce qu'il est bon qu'elle soit, sans se soucier d'autre chose.

Qu'il nous soit permis de placer ici quelques observations prises sur le vif. Restant anonymes elles ne pourront pas être considérées comme indiscrètes.

Il y a dans mon pays d'Alsace, sur une route solitaire dont le ruban interminable se prolonge sous les forêts des

Vosges, un casseur de pierres que je vois à son ouvrage depuis trente ans. La première fois que je le vis, je partais, jeune écolier, pour la grande ville, et j'avais le cœur gros. La vue de cet homme me fit du bien, parce qu'il fredonnait une chanson tout en fendant des cailloux. Nous échangeâmes quelques paroles et il me dit pour terminer: «Allons, mon garçon, bon courage et bonne chance!» Depuis lors j'ai passé et repassé sur cette route dans les circonstances les plus diverses, pénibles ou joyeuses. L'écolier a fait son chemin, le casseur de pierres est resté ce qu'il était: il a pris quelques précautions de plus contre l'intempérie des saisons; une natte de paille protège son dos et son feutre semble s'être enfoncé plus avant afin de mieux garantir la tête. Mais la forêt renvoie toujours l'écho de son vaillant marteau. Que de bourrasques, pauvre vieux, ont passé sur son échine, que de destinées contraires sur sa vie, sa famille, son pays! il continue à casser ses pierres, et, que j'arrive ou que je parte, je le retrouve au bord de sa route, souriant malgré l'âge et les rides, bienveillant, ayant, surtout aux jours mauvais, de ces paroles simples de brave homme qui font tant d'effet quand on les scande en cassant des pierres. — Il me serait complètement impossible d'exprimer l'émotion que me produit la vue de cet homme simple. Et certes il ne s'en doute pas. Je ne connais pas de spectacle plus réconfortant, mais en même temps plus sévère pour la vanité qui fermente dans nos cœurs, que cette confrontation avec un obscur travailleur qui fait son œuvre comme le chêne grandit et comme le bon Dieu fait lever son soleil, sans s'occuper de qui le regarde.

    J'ai connu aussi beaucoup de vieux instituteurs et d'institutrices qui ont passé leur vie à une besogne toujours la même: faire pénétrer les rudiments des connaissances humaines et quelques principes de conduite dans des têtes parfois plus dures que les cailloux. Ils ont fait cela avec leur âme, tout le long d'une pénible carrière, où l'attention des hommes tenait peu de place. Quand ils se coucheront dans leur tombe ignorée, nul ne s'en souviendra que quelques humbles comme eux. Mais leur récompense est dans leur amour; personne n'est plus grand que ces inconnus.

    Combien d'obscures vertus ne découvre-t-on pas lorsqu'on sait chercher, dans une certaine catégorie de personnes qu'on a souvent ridiculisées sans penser qu'on se rendait coupable à la fois de cruauté, d'ingratitude et de bêtise. Je veux parler des vieilles filles. On se plaît à remarquer qu'il y en a de surprenantes par le costume et les allures, ce qui d'ailleurs ne tire pas à conséquence; on veut bien aussi se souvenir que d'autres, très personnelles, se sont désintéressées de tout excepté de leurs aises et du bien-être de quelque serin, chat ou macaque en qui leurs puissances affectives se sont absorbées, et certainement celles-là ne le cèdent pas en égoïsme aux plus endurcis célibataires du sexe fort. Mais ce qu'on a tort d'ignorer le plus souvent, c'est la somme de sacrifice qui se cache modestement dans la vie de tant de vieilles filles tout simplement admirables. N'est-ce donc rien de n'avoir ni foyer, ni amour, ni avenir, ni ambition pour soi-même; de prendre sur soi cette croix de solitude si lourde à porter, surtout quand à la solitude extérieure vient s'ajouter celle du cœur; de s'oublier pour n'avoir plus d'intérêt sur la terre que celui de vieux parents, de jeunes neveux orphelins, des pauvres, des infirmes, de tout ce que le mécanisme brutal de la vie rejette parmi les scories? Vues du dehors, ces existences presque effacées n'ont que peu de lustre, elles excitent la pitié plutôt que l'envie. Ceux qui en approchent avec respect, y devinent parfois des secrets douloureux, de grandes épreuves passées, de lourds fardeaux sous lesquels plient des épaules trop fragiles, mais ce n'est là que le côté de l'ombre. Il faudrait pouvoir apprécier cette richesse de cœur, cette pure bonté, cette puissance d'aimer, de consoler, d'espérer, ce don joyeux de soi-même, cette invincible obstination dans la douceur et le pardon, même vis-à-vis de ceux qui en sont indignes. Pauvres vieilles filles, combien avez-vous sauvé de naufragés, guéri de blessés, ramassé d'égarés, vêtu de misérables, recueilli d'orphelins, combien d'êtres qui seraient seuls au monde s'ils ne vous avaient pas, vous qui souvent n'avez personne! Je me trompe. Quelqu'un vous connaît; c'est la grande Pitié inconnue qui veille sur nos vies et souffre de nos infortunes. Oubliée comme vous et souvent blasphémée, elle vous a confié quelques-uns de ses plus saints messages et c'est pour cela sans doute que parfois sur votre passage discret on croit sentir comme un frôlement d'aile des anges secourables.

Le bien se cache sous tant de formes diverses qu'on a souvent autant de peine à le découvrir que les méfaits les mieux dissimulés. Un médecin russe qui avait passé dix ans de sa vie en Sibérie, condamné aux travaux forcés pour motifs politiques, se plaisait à raconter les traits de générosité, de courage, d'humanité qu'il avait observés, non seulement chez plusieurs condamnés, mais aussi chez des gardes-chiourme. Pour le coup on serait tenté de dire: où le bien va-t-il se nicher? Et, de fait, la vie vous offre de grandes surprises et des contrastes déconcertants. Il y a des braves gens, officiellement reconnus comme tels, cotés dans leur milieu, je dirais presque garantis par le gouvernement ou par l'église, à qui on ne peut absolument rien reprocher si ce n'est qu'ils ont le cœur sec et dur, alors qu'on est étonné de rencontrer chez certains êtres tombés, de la tendresse véritable et comme une soif de se dévouer.

Qu'il me soit permis maintenant de parler, à propos du bien ignoré, de gens qu'on est convenu de traiter aujourd'hui avec la dernière injustice, — des gens riches. Quelques-uns croient avoir tout dit quand ils ont flétri l'infâme capital. Pour eux, tous ceux qui possèdent une grande fortune, sont des monstres gorgés du sang des malheureux. D'autres, moins déclamatoires, n'en confondent pas moins constamment la richesse avec l'égoïsme et l'insensibilité. Il faut faire justice de ces erreurs involontaires ou calculées. Sans doute, il y a des riches qui ne se soucient de personne, et d'autres qui ne font le bien que par ostentation. Nous le savons de reste. Mais leur conduite inhumaine ou hypocrite enlève-t-elle sa valeur au bien que font les autres et que souvent ils cachent avec une pudeur si parfaite?

J'ai connu un homme à qui étaient arrivés tous les malheurs qui peuvent nous atteindre dans nos affections. Il avait perdu une femme aimée, enterré successivement tous ses enfants à des âges différents. Mais il possédait une grande fortune, résultat de son travail. Vivant dans une extrême simplicité, presque sans besoins pour lui-même, il passait son temps à chercher des occasions de faire le bien et à en profiter. Ce qu'il a surpris de gens en flagrant délit de pauvreté honteuse, ce qu'il a combiné de moyens pour soulager des misères, mettre un peu de lumière dans les vies sombres, faire des surprises amicales à ses amis, personne ne pourrait se l'imaginer. Son plaisir était de faire du bien aux autres et de jouir de leur surprise quand ils ne savaient pas d'où le coup partait. Il se plaisait à réparer les injustices du sort, à faire pleurer de bonheur des familles poursuivies par la malchance. Sans cesse il complotait, tramait, machinait dans l'ombre, avec une peur enfantine de se faire attraper la main dans le sac. On n'a su la meilleure part de ses exploits qu'après sa mort et combien qu'on ne saura jamais.

C'était là un vrai partageux! car il y en a de deux sortes. Ceux qui aspirent à s'adjuger une part du bien des autres sont nombreux et vulgaires. Pour en être il suffit d'avoir beaucoup d'appétit. Ceux qui ont soif de partager leur propre bien avec ceux qui n'en ont pas sont rares et précieux, car pour entrer dans cette compagnie d'élite il faut être un brave et digne cœur, détaché de soi-même, sensible au bonheur comme au malheur de ses semblables. Heureusement la race de ces partageux-là n'est pas éteinte, et j'éprouve une satisfaction sans mélange à leur rendre un hommage qu'ils ne réclament pas.

On m'excusera d'insister. Il fait bon se soulager la bile de tant d'infamies, de tant de calomnies, de tant de pessimisme, de tant de charlatanisme, en reposant ses yeux sur quelque chose de plus beau, en respirant le parfum de ces coins perdus où fleurit la simple bonté. Une dame étrangère, peu habituée sans doute à la vie parisienne, me disait naguère l'horreur que lui inspirait le spectacle qui s'offrait ici à ses yeux: ces vilaines affiches, ces méchants journaux, ces femmes aux cheveux teints, cette foule qui se rue aux courses, aux cafés-concerts, au jeu, à la corruption, tout ce flot de vie superficielle et mondaine. Elle ne prononça pas le mot de Babylone, mais c'était sans doute par pitié pour un des habitants de cette ville de perdition. — Hélas! oui, ces choses sont tristes, madame; mais vous n'avez pas tout vu. — Dieu m'en garde! répliqua-t-elle. — Non, je voudrais au contraire que vous puissiez tout voir, car s'il y a des dessous très laids, il en est de si réconfortants. Et tenez, changez seulement de quartier, ou observez à d'autres heures. Donnez-vous le spectacle du Paris matinal, il vous fournira bien des éléments pour corriger vos impressions sur le Paris noctambule. Allez voir, entre tant d'autres laborieux, les braves balayeurs, qui sortent à l'heure où se retirent les noceurs et les escarpes. Voyez, sous ces haillons, ces corps de cariatides, ces figures austères! De quel sérieux ils balayent les restes des festins de la nuit! On dirait des prophètes au seuil de Balthazar. Il y a là des femmes, beaucoup de vieillards. Quand il fait froid, ils soufflent dans leurs doigts et recommencent à trimer. Et ainsi tous les jours. Ceux-là aussi sont habitants de Paris. — Allez ensuite dans les faubourgs, dans les ateliers, surtout dans les petits où le patron travaille comme l'ouvrier. Voyez l'armée des travailleurs marcher à sa besogne. Comme ces jeunes filles sont vaillantes et descendent gaîment de leurs quartiers lointains vers les ateliers, les magasins, les bureaux de la ville. — Puis, visitez les intérieurs, voyez à l'œuvre la femme du peuple. Le salaire est modeste, la demeure étroite, les enfants nombreux et souvent l'homme est dur. Faites collection de biographies de petites gens, de budgets de petits ménages, regardez longtemps et regardez bien.

Allez ensuite voir les étudiants. Ceux que vous avez vus faire tant de scandale dans les rues sont nombreux, mais ceux qui travaillent sont légion. Seulement ils restent chez eux; on les ignore. Si vous saviez ce qu'on bûche et peine au quartier latin! Vous avez vu des journaux pleins du bruit que fait une certaine jeunesse qui se dit studieuse. Les journaux parlent bien de ceux qui cassent des vitres, mais pourquoi parleraient-ils de ceux qui veillent tard sur les problèmes de la science ou de l'histoire? Cela n'intéresserait pas le public. Tenez, lorsque parfois l'un d'entre eux, étudiant en médecine, meurt victime du devoir professionnel, cela se constate en deux lignes dans les feuilles publiques. Une rixe d'ivrognes prend une demi-colonne. Les moindres détails en sont fixés, caressés. Il ne manque que le portrait des héros, et même pas toujours!

Je n'en finirais pas, si je voulais vous signaler tout ce qu'il faudrait aller voir pour avoir tout vu; il faudrait faire le tour de la société entière, riches et pauvres, savants et ignorants. Et certes alors vous ne jugeriez plus si sévèrement. Paris est un monde, et, de même que dans le monde en général, le bien s'y cache, tandis que le mal s'y pavane. Quand on regarde la surface, on se demande quelquefois comment il se peut qu'il y ait tant de canailles. Quand on va au fond, on s'étonne au contraire que dans cette vie tourmentée, obscure, et parfois horrible, il puisse y avoir tant de vertus!

Mais pourquoi m'appesantir sur ces choses? N'est-ce pas faire de la réclame pour ceux qui l'ont en horreur? — Ce n'est pas ainsi qu'il faut me comprendre. Mon but le voici: rendre attentif au bien ignoré, et surtout le faire aimer, le faire pratiquer. L'homme est perdu qui se complaît dans ce qui brille et frappe les yeux: d'abord parce qu'il s'expose à voir surtout le mal; ensuite parce qu'il s'habitue à ne remarquer de bien que celui qui cherche les regards et parce que facilement il succombe à la tentation de vivre pour paraître. Non seulement il faut se résigner à l'obscurité, mais il faut l'aimer, si l'on ne veut pas lentement glisser au rang du figurant de théâtre qui n'observe son maintien que sous l'œil des spectateurs et se dédommage dans la coulisse des contraintes qu'il s'est imposées en scène. Nous sommes là en présence d'un des éléments essentiels de la vie morale. Et ce que nous disons n'est pas seulement vrai pour ceux qu'on appelle les humbles et dont le sort est de n'être point remarqués. C'est vrai encore et beaucoup plus pour les premiers rôles. Si vous ne voulez pas être une brillante inutilité, un homme de panache et de galon, mais qui n'a rien dans le ventre, il vous faut remplir votre premier rôle dans l'esprit de simplicité du plus obscur de vos collaborateurs. Quiconque ne vaut qu'aux heures de parade, vaut moins que rien. Avons-nous le périlleux honneur d'être en vue et de marcher au premier rang; entretenons dans notre vie avec d'autant plus de soin le sanctuaire intérieur du bien ignoré. Donnons à l'édifice dont nos semblables regardent la façade une large assise de simplicité, de fidélité humble. Et puis, restons près des inconnus par la sympathie, par la reconnaissance! C'est à eux que nous devons tout, n'est-il pas vrai? je prends à témoin tous ceux qui ont fait dans le domaine humain cette fortifiante expérience que les pierres cachées dans le sol soutiennent tout l'édifice. Tous ceux qui arrivent à avoir une certaine valeur reconnue et publique le doivent à quelques humbles ancêtres spirituels, à quelques inspirateurs oubliés. Un petit nombre d'êtres bons parmi lesquels il y a souvent des paysans, des femmes, des vaincus de l'existence, des parents aussi modestes que vénérés, personnifient pour nous la belle et noble vie. Leur exemple nous inspire et nous soutient. Leur souvenir demeure à jamais inséparable de notre for intérieur. Nous les voyons aux heures douloureuses, courageux et tranquilles et nos fardeaux nous semblent plus légers. Ils se tiennent serrés autour de nous, phalange invisible et aimée qui nous empêche de broncher et de perdre pied dans la bataille; et tous les jours ils nous prouvent que le trésor de l'humanité, c'est le bien que le monde ne connaît pas.

Mondanité et vie d'intérieur.

Du temps du second empire, il y avait dans une de nos plus jolies sous-préfectures de province, à très peu de distance d'une station balnéaire fréquentée par l'empereur, un maire fort respectable, et d'ailleurs intelligent, auquel la tête tourna subitement quand il pensa que le chef de l'État pourrait bien un jour descendre dans sa maison. Jusque-là il avait vécu, dans la vieille demeure paternelle, en fils respectueux des moindres souvenirs. Aussitôt que l'idée fixe de recevoir l'empereur des Français se fut emparée de sa cervelle, il devint un autre homme. Décidément, ce qui lui avait semblé suffisant et même confortable, toute cette simplicité aimée des parents et des aïeux, apparut à ses yeux comme mesquine, laide, méprisable. Impossible de faire monter un empereur par cet escalier de bois, de l'inviter à s'asseoir sur ces vieux fauteuils, de permettre qu'il pose le pied sur ces tapis surannés. Alors le maire appela l'architecte et les maçons, fit attaquer les murs à coups de pic, démolit des cloisons et créa un salon hors de proportion, par le luxe et l'étendue, avec le reste de la maison. Il se retira avec sa famille dans quelques pièces étriquées où gens et meubles, entassés malgré eux, se gênaient mutuellement. Puis, ayant par ce coup de tête vidé sa bourse et bouleversé son intérieur, il attendit l'hôte impérial. Hélas! il vit bien arriver la fin de l'empire, mais l'empereur non pas.

La folie de ce pauvre homme n'est pas aussi rare que l'on pourrait penser. Sont, comme lui, fous du cerveau, tous ceux qui sacrifient leur vie d'intérieur à la mondanité.

Le danger d'un pareil sacrifice est plus menaçant en des temps plus agités. Nos contemporains y sont constamment exposés et un grand nombre y succombent. Que de trésors de famille ont été gaspillés en pure perte, pour satisfaire des conventions ou des ambitions mondaines, et le bonheur auquel on prétendait préparer son entrée par ces sacrifices impies, s'est fait attendre toujours. C'est faire un marché de dupe que de livrer le foyer de la famille, de laisser les bonnes traditions tomber en désuétude, d'abandonner les simples coutumes domestiques. La place de la vie d'intérieur est telle dans la société, qu'il suffit de l'affaiblir pour que le trouble se fasse sentir dans l'organisme social tout entier. Pour jouir d'un développement normal, cet organisme a besoin qu'on lui fournisse des individus bien trempés, ayant leur valeur propre, leur marque personnelle. Autrement la société devient un troupeau et quelquefois un troupeau sans berger. Mais où l'individu puisera-t-il son originalité, ce quelque chose d'unique, qui, réuni aux qualités distinctives des autres, constitue la richesse et la solidité d'un milieu? Il ne peut les puiser que dans la famille. Détruisez cette constellation de pratiques et de souvenirs, qui font de chaque intérieur comme un climat en miniature, vous tarissez les sources du caractère, vous coupez les racines mêmes de l'esprit public.

Il importe à la patrie que chaque foyer soit un monde profond, respecté, communiquant à ses membres une empreinte morale ineffaçable. Mais avant de poursuivre, écartons ici un malentendu. L'esprit de famille, comme toutes les plus belles choses, a sa caricature qui se nomme l'égoïsme domestique. Certaines familles sont comme des citadelles fermées où l'on s'est organisé pour l'exploitation du monde extérieur. Tout ce qui ne les concerne pas elles-mêmes directement leur est indifférent. Elles se trouvent à l'état de colons, je dirai presque d'intrus, dans la société où elles vivent. Leur particularisme est poussé à un tel excès qu'elles forment des ennemis du genre humain. Au petit pied, elles ressemblent à ces puissantes sociétés formées de loin en loin à travers l'histoire, qui s'emparèrent de l'empire du monde et pour qui rien ne comptait qu'elles mêmes. C'est cet esprit-là qui a fait quelquefois considérer la famille comme un repaire de l'égoïsme qu'il fallait détruire pour le salut de la société. Mais, de même qu'il y a un abîme entre l'esprit de corps et l'esprit de parti, il y a un abîme entre l'esprit de famille et l'esprit de coterie familiale.

Or c'est de l'esprit de famille qu'il s'agit ici. Rien au monde ne le vaut. Car il contient en germe toutes ces grandes et simples vertus qui assurent la durée et la puissance des institutions sociales. À la base même de l'esprit de famille se trouve le respect du passé, car ce qu'une famille a de meilleur ce sont les souvenirs communs. Capital intangible, indivisible, inaliénable, ces souvenirs constituent un dépôt sacré. Chacun des membres de la famille doit les considérer comme ce qu'il a de plus précieux. Ils existent sous une double forme: dans l'idée et dans le fait. On les rencontre dans le langage, les ornières de la pensée, les sentiments, les instincts même. Et sous une forme matérielle on les voit représentés par des portraits, des meubles, des constructions, des costumes, des chants. Aux yeux des profanes, ce n'est rien; aux yeux de ceux qui savent apprécier les choses de la vie de famille, ce sont des reliques qu'on ne doit abandonner à aucun prix.

Mais que se passe-t-il en général dans le monde où nous vivons? La mondanité fait la guerre à l'esprit de famille. Toutes les luttes sont poignantes; je n'en connais pas de plus passionnante que celle-là. — Par les grands moyens comme par les petits, par toutes sortes d'habitudes nouvelles, d'exigences, de prétentions, l'esprit mondain fait irruption dans le sanctuaire domestique. Quels sont les droits de cet étranger? ses titres? Sur quoi peut-il appuyer ses revendications péremptoires? C'est ce qu'en général on néglige de se demander. On a tort. Nous nous comportons à l'égard de l'envahisseur comme les pauvres gens très simples à l'égard d'un visiteur fastueux. Pour cet hôte encombrant d'un jour, ils pillent leur jardin, bourrent leurs domestiques et leurs enfants, négligent leur travail. Conduite injuste et maladroite. Il faut avoir le courage de rester ce qu'on est, en face de n'importe qui.

L'esprit mondain a toutes les impudences. Voici un intérieur simple qui a formé et forme encore des caractères de marque. Les hommes, les meubles, les habitudes, tout s'y tient. Par le mariage, par des relations d'affaires ou de plaisir, l'esprit mondain y pénètre. Il y trouve tout vieilli, gauche, naïf. Cela manque de modernité. D'abord il se borne à la critique, à la raillerie spirituelle. Mais c'est le moment le plus dangereux. Prenez garde à vous, voilà l'ennemi! Si vous vous laissez le moins du monde entamer par ses raisons, demain vous sacrifierez un meuble, après-demain une bonne vieille tradition, et peu à peu les chères reliques du cœur, les objets familiers, et avec eux la piété filiale, s'en iront chez le marchand de bric-à-brac.

Dans les habitudes nouvelles et le milieu changé, vos amis d'autrefois, vos vieux parents seront dépaysés. Vous ferez un pas de plus en les remisant à leur tour: la mondanité supprime les vieux. Ainsi pourvu d'un cadre absolument transformé, vous serez vous-même étonné de vous y voir. Cela ne vous rappellera rien; mais ce sera correct, et l'esprit mondain, du moins, se déclarera satisfait. Hélas! c'est ce qui vous trompe. Après avoir fait jeter de purs trésors comme une vile ferraille, il vous trouvera emprunté sous votre livrée neuve, et s'empressera de vous faire sentir tout le ridicule d'une telle situation. Mieux eût valu avoir, dès l'abord, le courage de votre opinion et défendre votre intérieur.

Beaucoup de jeunes gens, en se mariant, cèdent aux inspirations de l'esprit mondain. Leurs parents leur avaient donné l'exemple d'une vie modeste; mais la nouvelle génération croit affirmer ses droits à l'existence et à la liberté en répudiant un genre de vie à ses yeux trop patriarcal. Elle s'efforce donc de s'installer à la dernière mode, à grands frais et se défait à vil prix d'objets utiles. Au lieu de remplir sa maison de choses qui nous disent: Souviens-toi! on les garnit de meubles tout neufs auxquels aucune pensée encore ne se rattache. Je me trompe, ces objets sont souvent comme les symboles de la vie facile et superficielle. On respire au milieu d'eux je ne sais quelle vapeur capiteuse de mondanité. Ils rappellent la vie du dehors, le grand train, le tourbillon. Et fût-on disposé à les oublier parfois, ils y ramènent la pensée et nous disent en un autre sens: Souviens-toi! n'oublie pas l'heure du club, des spectacles, des courses. L'intérieur s'organise donc de telle sorte qu'il devient le pied-à-terre où l'on vient se reposer un peu entre deux absences prolongées. Il ne fait pas bon y rester longtemps. Comme il n'a pas d'âme il ne parle pas à l'âme. Le temps de dormir, de manger, et vite il faut en sortir. On y deviendrait somnolent, casanier.

Chacun connaît des gens qui ont la rage de sortir, qui croiraient que le monde va s'arrêter s'ils ne figuraient pas partout. Rester chez eux est leur pire corvée, ils ne peuvent pas s'y voir en peinture. L'horreur de la vie d'intérieur les tient au point, qu'ils préfèrent payer pour s'ennuyer dehors, que de s'amuser chez eux gratuitement.

Peu à peu, une société dérive ainsi vers la vie par troupeaux, qu'il ne faut pas confondre avec la vie publique. La vie par troupeaux est quelconque comme celle des essaims de mouches au soleil. Rien ne ressemble plus à la vie mondaine d'un homme que la vie mondaine d'un autre homme. Et cette universelle banalité détruit l'essence même d'un esprit public. On n'a pas besoin de faire de bien longs voyages pour constater les ravages que l'esprit de mondanité a faits dans la société contemporaine, et si nous avons si peu de fonds, d'équilibre, de calme bon sens, d'initiative, une des grosses raisons en est dans la diminution de la vie d'intérieur. Les masses ont emboîté le pas derrière le beau monde. Le peuple est devenu mondain. Car c'est de la mondanité que de quitter son chez-soi pour aller vivre au cabaret. La misère, le vicieux état des habitations ne suffisent pas à expliquer le courant qui emporte chacun hors du home. Pourquoi le paysan déserte-t-il pour l'auberge la maison où son père et son aïeul se plaisaient tant? La demeure est restée la même; c'est le même feu dans la même cheminée; d'où vient qu'il n'éclaire plus qu'un cercle incomplet, au lieu des veillées de jadis où jeunes et vieux se coudoyaient? Quelque chose s'est modifié dans l'esprit des hommes. Cédant à leurs désirs malsains, ils ont rompu avec la simplicité. Les pères ont quitté leur poste d'honneur, la femme végète près de l'âtre solitaire, et les enfants se querellent en attendant qu'ils puissent à leur tour s'en aller chacun de leur côté.

Il nous faut réapprendre la vie d'intérieur et le prix des traditions domestiques. Une pieuse sollicitude a consacré certains monuments, seuls restes du passé parmi nous. De même les costumes anciens, les dialectes provinciaux, les vieilles chansons ont trouvé, avant de disparaître du monde, des mains pieuses pour les recueillir. Que l'on fait bien de garder ces miettes d'un grand passé, ces vestiges de l'âme des aïeux! Faisons de même pour les traditions de famille, sauvons et faisons durer autant que possible tout ce qui subsiste encore de patriarcal, n'importe sous quelle forme!

Mais tout le monde n'a pas de tradition à garder. Raison de plus pour redoubler d'efforts dans la constitution et la culture de la vie de famille. On n'a besoin pour cela ni d'être nombreux, ni d'être largement installés. Pour créer un intérieur, il faut avoir l'esprit d'intérieur. De même que le moindre village peut avoir son histoire, son empreinte morale, de même le plus petit intérieur peut avoir son âme. Oh! l'esprit des lieux, l'atmosphère qui nous environne dans les demeures humaines! Quel monde de mystères! Ici, dès le seuil, vous êtes pénétré de froid, le malaise vous gagne. Quelque chose d'insaisissable vous repousse. Là, aussitôt que vous avez fermé la porte sur vous, la bienveillance et la bonne humeur vous environnent. On dit que les murs ont des oreilles. Ils ont aussi leur voix, leur muette éloquence. Sur tout ce que contient une demeure flotte l'esprit des gens. Et je vois une preuve de la puissance de cet esprit jusque dans les intérieurs de garçons et de femmes qui vivent isolés. Quel abîme entre une chambre et une autre chambre! Ici, de l'inertie, de l'indifférence, du terre à terre; la devise de l'habitant est écrite jusque dans sa façon d'arranger ses livres et ses photographies: *Tout m'est égal*. Là, c'est la joie de vivre, l'entrain communicatif; le visiteur sent quelque chose lui dire sous mille formes: qui que tu sois, hôte d'une heure, je te veux du bien, que la paix soit sur toi!

On ne dira jamais assez la puissance de la vie d'intérieur, l'influence d'une fleur aimée et cultivée sur la fenêtre, le charme d'un vieux fauteuil où le grand-père s'est assis, offrant ses vieilles mains ridées aux baisers des petits enfants joufflus. Pauvres modernes! toujours en déménagement ou en transformation! Nous qui, à force de modifier la figure de nos villes, de nos maisons, de nos coutumes, de nos croyances, n'avons plus où reposer nos têtes, n'augmentons pas la tristesse et le vide de nos existences incertaines en abandonnant la vie d'intérieur. Rallumons la flamme au foyer éteint, créons-nous des abris inviolés, des nids chauds où les enfants deviennent des hommes, où l'amour trouve une cachette, la vieillesse un repos, la prière un autel et la patrie un culte!

La beauté simple.

Quelques-uns pourraient protester au nom de l'esthétique contre l'organisation de la vie simple, ou nous opposer la théorie du luxe utile, providence des affaires, grand nourricier des arts, ornement des sociétés civilisées. Nous tenons à leur répondre d'avance par quelques brèves remarques.

On se sera sans doute aperçu que l'esprit qui anime ces pages n'est point l'esprit utilitaire. Ce serait une erreur de penser que la simplicité que nous recherchons, ait quelque chose de commun avec celle que s'imposent les avares par ladrerie et les esprits étroits par faux rigorisme. Pour les premiers, la vie simple c'est la vie à bon marché. Pour les autres, elle est une existence terne et végétative où le mérite consiste à se priver de tout ce qui sourit, brille et charme.

Il ne nous déplaît point que ceux qui ont beaucoup de moyens, mettent leur fortune en circulation au lieu de thésauriser, et fassent vivre le commerce et prospérer les beaux-arts. Après tout, ils tirent un excellent parti de leur situation privilégiée. Ce que nous combattons c'est la prodigalité stupide, l'usage égoïste des richesses et surtout la recherche du superflu par ceux qui ont besoin de soigner avant tout le nécessaire. Le luxe d'un Mécène ne saurait avoir la même influence sur une société, que celui d'un vulgaire jouisseur qui étonne ses contemporains par le faste de sa vie et la folie de ses gaspillages. Un même terme désigne ici des choses fort différentes. Semer l'argent n'est pas tout; il y a des façons de le semer qui ennoblissent les hommes et d'autres qui les avilissent. Semer l'argent, du reste, cela suppose qu'on en est abondamment pourvu. Lorsque l'amour de la vie somptueuse s'empare de ceux qui disposent de moyens limités, la question change singulièrement. Et, ce qui nous frappe en ce temps-ci, c'est la rage de dépenser leur bien chez ceux qui devraient le ménager. Que la munificence soit un bienfait social: nous l'accordons volontiers. Qu'il puisse même, à la rigueur, être soutenu que la prodigalité de certains riches est comme une soupape destinée à laisser écouler le trop-plein: nous n'essaierons pas de le contester. Nous constatons seulement qu'il y a trop de gens qui jouent de la soupape alors qu'il serait de leur intérêt et de leur devoir de pratiquer l'économie: leur luxe et leur amour du luxe sont un malheur privé et un danger public.

Voilà pour le luxe utile.

Nous désirons nous expliquer maintenant sur la question d'esthétique, oh bien modestement, et sans empiéter sur le terrain des spécialistes. Par une illusion trop commune, on considère la simplicité et la beauté comme deux rivales. Mais simple n'est pas synonyme de laid, pas plus que luxueux, surchargé, recherché, coûteux n'est synonyme de beau. Nos yeux sont blessés par le spectacle criard d'une beauté tapageuse, d'un art vénal, d'un luxe sans grâce et sans esprit. La richesse alliée au mauvais goût nous fait quelquefois regretter qu'on ait eu entre les mains tant d'argent pour provoquer la création d'une si prodigieuse quantité d'œuvres de bas étage. Notre art contemporain souffre du manque de simplicité aussi bien que notre littérature: trop d'ornements ajoutés, de fioritures contournées, d'imaginations tourmentées. Rarement, dans les lignes, les formes, les couleurs, il nous est donné de contempler cette simplicité alliée à la perfection, qui s'impose au regard comme l'évidence s'impose à l'esprit. Nous avons besoin de nous retremper dans l'idéale pureté de la beauté immortelle, qui met son stigmate sur les chefs-d'œuvre et dont un seul rayon vaut mieux que toutes les exhibitions pompeuses.

Toutefois ce qui nous tient le plus à cœur ici, c'est de parler de l'esthétique ordinaire de la vie, du soin qu'il faut mettre à orner l'habitation et la personne humaine, pour donner à l'existence ce lustre sans lequel elle n'a pas de charme. Car il n'est pas indifférent que l'homme ait ou non souci de ce superflu nécessaire. C'est à cela qu'on reconnaît s'il met de l'âme dans sa vie. Loin de considérer comme une préoccupation inutile celle qui nous fait embellir, soigner, poétiser les formes, je pense qu'il faut l'entretenir autant que possible. La nature même nous donne l'exemple, et l'homme qui affecterait du mépris pour ce fragile éclat de beauté dont nous ornons nos jours rapides, s'écarterait des intentions de Celui qui a mis le même soin et le même amour à peindre la fleur éphémère que les montagnes éternelles.

Mais il ne faut pas tomber dans la tentation grossière qui nous fait confondre la beauté vraie avec ce qui n'en a que le nom. La beauté et la poésie de l'existence tiennent au sens que nous lui donnons. Nos maisons, notre table et notre toilette doivent traduire des intentions. Pour y mettre ces intentions il faut les avoir d'abord. Celui qui les possède sait les faire apercevoir par les moyens les plus simples. On n'a pas besoin d'être riche pour donner de la grâce et du charme à son habitation et à ses costumes. Il suffit pour cela d'avoir du goût et de la bonté. Nous touchons ici à un point très important pour chacun, mais qui, peut-être, intéresse les femmes dans une plus grande mesure que les hommes.

Ceux qui engagent les femmes à se vêtir d'étoffes grossières, à enfermer leur corps dans des vêtements dont la plate uniformité rappelle les sacs, violentent la nature dans ce qu'elle a de plus sacré et méconnaissent complètement l'esprit des choses. Si le vêtement n'était qu'une précaution pour s'abriter du froid ou de la pluie, une toile d'emballage ou une peau de bête suffirait. Mais il est bien plus que cela. L'homme dans tout ce qu'il fait, se met tout entier: il transforme en signes les choses dont il se sert. L'habit n'est pas une simple couverture, c'est un symbole. J'en atteste toute la flore si riche des costumes nationaux et provinciaux, et de ceux que portaient nos anciennes corporations. La toilette, elle aussi, a quelque chose à nous dire. Plus elle contient de sens, mieux elle vaut. Pour qu'elle soit vraiment belle, il faut donc qu'elle nous annonce de bonnes choses, des choses personnelles et vraies. Mettez-y tout l'argent du monde, si elle est quelconque, sans rapport avec celle qui la porte, elle n'est qu'un masque et un affublement. L'excès de la mode, en faisant disparaître complètement la personne féminine sous des ornements de pure convention, la dépouille de son attrait principal. Il résulte de cet abus que plusieurs choses que les femmes trouvent très jolies, font autant de tort à leur beauté qu'à la bourse de leurs maris ou de leurs parents.

Que diriez-vous d'une jeune fille qui se servirait pour exprimer sa pensée de termes fort choisis, exquis même, mais reproduisant textuellement les phrases d'un manuel de conversation? Quel charme pourrait avoir pour vous ce langage emprunté? L'effet des toilettes, bien faites en elles-mêmes, mais qui se retrouvent indistinctement sur toutes les personnes, est exactement le même.

Je ne résiste pas à la tentation de citer ici un passage de Camille Lemonnier qui se rapporte à mon idée:

«La nature a mis aux doigts de la femme un art charmant, qu'elle sait d'instinct, et qui est son art à elle, comme la soie est à la chenille, ou la dentelle à l'agile et fine araignée... Elle est le poète, l'artiste de sa grâce et de sa candeur; elle est la fileuse du mystère dont s'habille son goût de plaire. Tout le talent qu'elle met à ressembler à l'homme dans les autres arts ne vaudra jamais l'esprit et la trouvaille d'un rien d'étoffe qu'elle chiffonne.

«Eh bien, je voudrais que cet art-là fût autrement honoré. De même que l'éducation devrait consister à penser avec son esprit, à sentir avec son cœur, à exprimer la petite chose personnelle, le moi intime, latent, qu'au contraire on refoule, on nivelle en vue de la conformité, je voudrais que l'apprentie jeune femme, la maman de plus tard, fût de bonne heure la petite esthète de cette esthétique de la toilette, sa propre habilleuse, elle qui, un jour, sera l'habilleuse de ses enfants... Mais, avec le goût et le don d'improviser, de se personnaliser en ce chef-d'œuvre de l'adresse et de la personnalité féminine: une robe... sans quoi, la femme n'est plus qu'un paquet de chiffons.»

La robe qu'on a faite soi-même est presque toujours celle qui vous sied le mieux et, en tout cas, celle qui vous fait le plus de plaisir. C'est ce qu'oublient trop souvent nos femmes. L'ouvrière et la paysanne commettent la même erreur. Depuis que l'une et l'autre s'habillent chez les couturières et les modistes qui leur vendent des imitations fort douteuses de la grande mode, la grâce a presque disparu du costume populaire. Et pourtant y a-t-il au monde quelque chose qui ait davantage le don de plaire que la fraîche apparition d'une jeune ouvrière ou d'une jeune fille des champs, vêtues à la mode de leur pays et belles de leur seule simplicité?

Ces mêmes réflexions peuvent s'appliquer à la façon d'arranger et de décorer son habitation. S'il y a des toilettes qui révèlent toute une conception de la vie, des chapeaux qui sont des poèmes, des nœuds qui sont des cocardes, il y a aussi des arrangements de maison qui, à leur manière, parlent à l'esprit. Pourquoi, sous prétexte d'embellir nos demeures, leur enlèverions-nous ce caractère personnel qui a toujours sa valeur? Pourquoi assimiler nos chambres à des chambres d'hôtel ou nos salons à des intérieurs de gare, à force d'y faire prédominer un type uniforme de beauté officielle?

Quel malheur que de se promener à travers les maisons d'une ville, les villes d'un pays, les pays de tout un vaste continent et de rencontrer partout certaines formes identiques, inévitables, irritantes par leur multiplication! Comme l'esthétique gagnerait à plus de simplicité! Au lieu de ce luxe de pacotille, de tous ces ornements prétentieux mais insipides de banalité, nous aurions une diversité infinie. D'heureuses trouvailles frapperaient nos yeux. L'imprévu sous ses mille formes nous réjouirait et nous retrouverions le secret d'imprimer à une tapisserie, à un meuble, à un toit de maison, ce cachet de la personnalité humaine qui donne à certaines vieilleries un prix inestimable.

Continuons et passons pour terminer à des choses plus simples encore, je veux parler des petits détails du ménage que plusieurs jeunes personnes de ce temps trouvent si peu poétiques. Leur mépris des occupations matérielles, des modestes soins que réclame un intérieur, provient d'une confusion fort commune, mais non moins funeste. Cette confusion consiste à penser que la poésie et la beauté sont dans les choses ou n'y sont pas. Il y a des occupations distinguées, gracieuses, comme de cultiver les lettres, jouer de la harpe; et des occupations grossières, disgracieuses, comme de cirer les souliers, balayer sa chambre, ou surveiller son pot-au-feu. Erreur puérile! ni la harpe ni le balai ne font rien à l'affaire, tout dépend de la main qui les tient et de l'esprit qui anime cette main. La poésie n'est pas dans les choses: elle est en nous. Il faut l'imposer aux objets comme le sculpteur impose son rêve au marbre. Si notre vie et nos occupations demeurent trop souvent sans charme malgré leur distinction extérieure, c'est parce que nous n'avons rien su y mettre. Le comble de l'art est de faire vivre ce qui est inerte, d'apprivoiser ce qui est sauvage. Je voudrais que nos jeunes filles s'appliquent à développer en elles l'art vraiment féminin de donner une âme aux choses qui n'en ont pas. Le triomphe de la grâce, chez la femme, est dans cette œuvre-là. Seule, la femme sait mettre dans une maison ce je ne sais quoi dont la vertu a fait dire au poète: «Le toit s'égaie et rit». On dit qu'il n'y a pas de fées, ou qu'il n'y en a plus, mais on ne sait pas ce qu'on dit. Le modèle original des fées chantées par les poètes, ils l'ont trouvé et le trouvent encore parmi ces aimables mortelles qui savent pétrir la pâte avec énergie, raccommoder les accrocs avec bonté, soigner les malades en souriant, mettre de la grâce dans un ruban et de l'esprit dans une friture.

Il est bien certain que la culture des beaux-arts a quelque chose de moralisant et que nos pensées et nos actes s'imprègnent à la longue de ce qui frappe nos yeux. Mais l'exercice des arts et la contemplation de leurs produits sont un privilège réservé à quelques-uns. Il n'est pas donné à chacun de posséder, de comprendre ou de créer de belles choses. Mais il est un genre de beauté humaine qui peut pénétrer partout: c'est la beauté qui naît dans les mains de nos femmes et de nos filles. Sans cette beauté qu'est la maison la plus ornée? une habitation froide. Avec elle, le home le plus dénudé s'anime et s'éclaire. Parmi les forces capables d'ennoblir et de transformer les volontés, d'augmenter le bonheur, il n'en est peut-être aucune d'un emploi plus universel. Elle sait se faire valoir au moyen des plus pauvres instruments, au milieu des pires difficultés. Lorsque la chambre est petite, le budget restreint, la table modeste, une femme qui a le don trouve moyen d'y faire régner de l'ordre, de la propreté, de la bienséance. Elle met du soin et de l'art dans tout ce qu'elle entreprend. Bien faire ce que l'on fait n'est pas à ses yeux le privilège des riches, mais le droit de tous. C'est pour cela qu'elle en use et qu'elle sait donner à son intérieur une dignité et un agrément que n'atteignent pas les maisons fortunées, où tout est abandonné aux mercenaires.

    La vie ainsi comprise ne tarde pas à se révéler riche en beautés inconnues, en attraits, en satisfactions intimes. Être soi-même, réaliser dans son milieu naturel le genre de beauté qu'il comporte: voilà l'idéal. Comme la mission de la femme grandit en profondeur et en signification, lorsqu'elle se résume ainsi à mettre de l'âme dans les choses et à donner à cette âme de bonté, comme symbole extérieur, ces procédés agréables et délicats auxquels le plus brutal des êtres est sensible! Cela ne vaut-il pas mieux que d'envier ce qu'on n'a pas et d'appliquer son désir à l'imitation maladroite d'un ornement étranger?

L'orgueil et la simplicité dans les rapports sociaux.

Il serait peut-être difficile de trouver un sujet mieux qualifié que l'orgueil pour prouver que les obstacles à une vie meilleure, plus apaisée et plus forte, sont plutôt en nous que dans les circonstances. La diversité, et surtout le contraste des situations sociales font surgir inévitablement toutes sortes de conflits. Mais combien les rapports entre membres d'une même société ne seraient-ils pas, malgré tout, simplifiés si nous mettions un autre esprit dans le cadre tracé des nécessités extérieures! Persuadons-nous bien que ce ne sont pas avant tout les différences de classes, de fonctions, les formes si dissemblables de leurs destinées qui brouillent les hommes. Si tel était le cas on verrait une paix idyllique régner entre collègues, camarades, et toutes gens d'intérêts analogues et de sort pareil. Chacun sait très bien au contraire que les querelles les plus acharnées sont celles qui s'élèvent entre semblables et qu'il n'y a pire guerre que la guerre intestine. Mais ce qui empêche les hommes de s'entendre, c'est avant tout l'orgueil. L'orgueil fait de l'homme un hérisson qui ne peut toucher à autrui sans le blesser. Parlons d'abord de l'orgueil des grands.

Ce qui me déplaît dans ce riche qui passe en carrosse, n'est ni son équipage, ni sa toilette, ni le nombre et la prestance de sa domesticité: c'est son mépris. Qu'il possède une grande fortune, cela ne me blesse que si j'ai le caractère mal fait; mais qu'il m'éclabousse, me passe sur le corps, fasse paraître dans toute son attitude que je ne compte pour rien à ses yeux, parce que je ne suis pas riche comme lui, voilà ce qui m'indispose à bon droit. Il m'impose après tout une souffrance, et une souffrance inutile. Il m'humilie et m'insulte gratuitement. Ce n'est pas ce qu'il y a de vulgaire, mais ce qu'il y a de plus noble en moi qui se soulève en face de cet orgueil blessant. Ne m'accusez pas d'envie, je n'en ressens aucune: c'est ma dignité d'homme qui est atteinte. Inutile de chercher bien loin pour illustrer ces impressions. Tout homme qui a vu la vie en a rapporté de nombreuses expériences qui justifieront nos dires à ses yeux. Dans certains milieux voués aux intérêts matériels, l'orgueil de la richesse domine à tel point que les hommes se cotent entre eux comme on cote des valeurs en bourse. L'estime est mesurée au contenu du coffre-fort. La bonne société se compose des grosses fortunes, la société moyenne, des fortunes moyennes. Viennent ensuite les gens de peu et les gens de rien. On se traite en toute occasion d'après ce principe-là. Et celui qui, relativement riche, a fait éprouver son dédain à moins opulent que lui, est abreuvé à son tour du dédain de ses supérieurs en fortune. Ainsi la rage de se comparer sévit du sommet à la base. Un milieu pareil est comme préparé à souhait pour la culture des plus mauvais sentiments: mais ce n'est pas la richesse, c'est l'esprit qu'on y met qu'il faut accuser. Certains riches n'ont pas cette conception grossière, surtout ceux qui, de père en fils, sont habitués à l'aisance. Mais ils oublient qu'il y a une certaine délicatesse à ne pas trop faire parler les contrastes. À supposer qu'il n'y ait aucun mal à jouir d'un large superflu, est-il indispensable d'étaler ce superflu, d'en choquer surtout les yeux de ceux qui n'ont pas le nécessaire, d'afficher son luxe tout près de la pauvreté? Le bon goût et une sorte de pudeur empêcheront toujours un homme bien portant de parler de son appétit vigoureux, de son bon sommeil, de sa joie de vivre, auprès de quelqu'un qui s'en va de la consomption. Beaucoup de gens riches manquent de tact quelquefois et par là même de pitié et de prudence?

Ne sont-ils pas dès lors mal inspirés en se plaignant de l'envie, après avoir tout fait pour la provoquer?

Mais ce dont on manque surtout c'est de discernement, lorsqu'on met son orgueil dans sa fortune ou qu'on se laisse aller inconsciemment aux séductions du luxe. D'abord, c'est tomber dans une confusion puérile que de considérer la richesse comme une qualité personnelle. On ne saurait se méprendre d'une façon plus naïve sur la valeur réciproque de l'enveloppe et du contenu. Je ne veux point m'appesantir sur cette question: elle est trop pénible. Et pourtant peut-on s'empêcher de dire aux intéressés? — Prenez garde, ne confondez pas ce que vous possédez avec ce que vous êtes. Connaissez mieux les dessous des splendeurs du monde afin d'en percevoir avec force la misère morale et l'enfantillage. L'orgueil nous dresse en vérité des pièges trop ridicules. Il faut se méfier d'un compagnon qui nous rend haïssables au prochain et qui nous fait perdre la clairvoyance.

Celui qui se livre à l'orgueil des richesses oublie ensuite un autre point, le plus important de tous: c'est que posséder est une fonction sociale. Sans doute, la propriété individuelle est aussi légitime que l'existence même de l'individu et que sa liberté. Ces deux choses sont inséparables et c'est une utopie grosse de dangers que de s'attaquer à des bases si élémentaires de toute vie. Mais l'individu tient à la société par toutes ses fibres, et tout ce qu'il fait il doit le faire en vue de l'ensemble. Posséder, est donc moins un privilège dont il convient de se glorifier qu'une charge, dont il faut sentir la gravité. De même qu'il y a un apprentissage souvent difficile à faire pour exercer toute fonction sociale, de même cette fonction qu'on appelle la richesse exige un apprentissage. C'est un art que de savoir posséder, un des moins faciles à apprendre. La plupart des gens, pauvres ou riches, s'imaginent que dans l'opulence on n'a plus qu'à se laisser vivre. C'est pour cela qu'il y a si peu d'hommes qui savent être riches. Aux mains d'un trop grand nombre, la richesse est, selon une joviale et redoutable comparaison de Luther, comme une harpe aux pattes d'un âne. Ils n'ont aucune idée de la manière de s'en servir.

Aussi lorsqu'on rencontre un homme riche et simple en même temps, c'est-à-dire qui considère sa richesse comme un moyen de remplir sa mission humaine, il faut le saluer respectueusement, car il est certainement quelqu'un. Il a vaincu des obstacles, surmonté des épreuves, triomphé dans des tentations ou vulgaires ou subtiles. Il ne confond pas le contenu de son porte-monnaie avec celui de son cerveau ou de son cœur, et ce n'est pas en chiffres qu'il estime ses semblables. Sa situation exceptionnelle, loin de l'élever, l'humilie parce qu'il sent bien tout ce qui lui manque pour être tout à fait à la hauteur de son devoir. Il est demeuré un homme, c'est tout dire; il est accueillant, secourable, et loin de faire de ses biens une barrière qui le sépare du reste des hommes, il en fait un moyen de s'en rapprocher toujours davantage. Quoique le métier de riche ait été singulièrement gâté par tant d'hommes orgueilleux et égoïstes, celui-là parvient toujours à se faire apprécier par quiconque n'est pas insensible à la justice. Chacun en s'approchant de lui et en le voyant vivre est obligé de faire un retour sur soi-même et de se demander: Que serais-je devenu dans une situation pareille? Aurais-je cette modestie, ce détachement, cette probité qui fait qu'on en agit avec son propre bien comme s'il appartenait aux autres? Tant qu'il y aura un monde et une société humaine, tant qu'il y aura d'âpres conflits d'intérêt, tant que l'envie et l'égoïsme existeront sur la terre, rien ne sera plus respectable que la richesse pénétrée par l'esprit de simplicité. Elle fera plus que de se faire pardonner: elle se fera aimer.

Plus malfaisant que l'orgueil inspiré par la richesse, est celui qu'inspire le pouvoir, et par pouvoir j'entends ici toute puissance qu'un homme a sur un autre homme, qu'elle soit étendue ou bornée. Je ne vois aucun moyen d'éviter qu'il y ait dans le monde des hommes inégalement puissants. Tout organisme suppose une hiérarchie des forces. Nous ne sortirons jamais de là. Mais je crains que, si le goût du pouvoir est très répandu, l'esprit du pouvoir ne soit presque introuvable. À force de le mal comprendre et d'en mésuser, ceux qui détiennent une parcelle quelconque de l'autorité en arrivent presque partout à la compromettre.

Le pouvoir exerce sur celui qui le détient une influence très forte. Il faut qu'une tête soit bien ferme pour ne pas en être troublée. Cette sorte de démence qui s'emparait des empereurs romains au temps de leur toute-puissance, est une maladie universelle dont les symptômes ont existé de tout temps. Dans chaque homme un tyran sommeille et n'attend pour se réveiller qu'une occasion propice. Or le tyran c'est le pire ennemi de l'autorité, parce qu'il nous en fournit la caricature intolérable. De là une multitude de complications sociales, de froissements et de haines. Tout homme qui dit à ceux qui dépendent de lui: tu feras ceci parce que telle est ma volonté, ou mieux, parce que tel est mon bon plaisir, fait œuvre mauvaise. Il y a en chacun de nous quelque chose qui nous invite à résister au pouvoir personnel, et ce quelque chose est très respectable. Car au fond nous sommes égaux et il n'est personne qui ait le droit d'exiger de moi l'obéissance parce qu'il est lui et que je suis moi: dans ce cas, son commandement m'avilit et il n'est pas permis de se laisser avilir.

Il faut avoir vécu dans les écoles, les ateliers, à l'armée, dans l'administration, avoir suivi de près les relations entre maîtres et domestiques, s'être arrêté un peu partout où la suprématie de l'homme s'exerce sur l'homme, pour se faire une idée du mal que font ceux qui pratiquent le pouvoir avec arrogance. De toute âme libre, ils font une âme d'esclave, c'est-à-dire une âme de révolté. Et il semble que cet effet funeste, antisocial, se produise plus sûrement lorsque celui qui commande est plus rapproché par le sort de celui qui obéit. Le tyran le plus implacable est le tyran au petit pied. Un chef d'atelier ou un contremaître met plus de férocité dans ses procédés qu'un directeur d'usine ou un patron. Tel caporal est plus dur pour le soldat que le colonel. Dans certaines maisons où madame n'a pas beaucoup plus d'éducation que sa bonne, il y a entre l'une et l'autre les relations d'un forçat à un garde-chiourme. Malheur partout à qui tombe entre les mains d'un subalterne ivre de son autorité!

On oublie trop que le premier devoir de quiconque exerce le pouvoir c'est l'humilité. La superbe n'est pas l'autorité. Ce n'est pas nous qui sommes la loi. La loi est au-dessus de toutes les têtes. Nous l'interprétons seulement, mais pour la faire valoir aux yeux des autres il faut d'abord que nous lui soyons soumis nous-mêmes. Le commandement et l'obéissance dans la société humaine ne sont après tout que deux formes de la même vertu: la servitude volontaire. La plupart du temps on ne vous obéit pas parce que vous n'avez pas obéi d'abord.

Le secret de l'ascendant moral appartient à ceux qui commandent avec simplicité. Ils adoucissent par l'esprit la dureté du fait. Leur pouvoir n'est ni dans le galon, ni dans le titre, ni dans les mesures disciplinaires. Ils ne se servent ni de la férule, ni des menaces et pourtant ils obtiennent tout: pourquoi? Parce que chacun sent qu'ils sont eux-mêmes prêts à tout. Ce qui confère à un homme le droit de demander à un autre homme le sacrifice de son temps, de son argent, de ses passions et même de sa vie, c'est que non seulement il est lui-même résolu à tous ces sacrifices, mais qu'il les a faits d'avance intérieurement. Dans l'ordre que donne un homme animé de cet esprit il y a je ne sais quelle puissance qui se communique à celui qui doit obéir à l'aide et faire son devoir.

Dans tous les domaines de l'activité humaine, il y a des chefs qui inspirent, soutiennent, électrisent leurs soldats: sous leur direction, une troupe fait des prodiges. On se sent capable avec eux de tous les efforts, prêt à passer par le feu, selon l'expression populaire, et c'est avec enthousiasme qu'on y passerait.

Mais il n'y a pas que l'orgueil des grands, il y a aussi l'orgueil des petits, cette morgue d'en bas qui est le digne pendant de celle d'en haut. La racine de ces deux orgueils est identique. L'homme qui dit: la loi c'est moi, n'est pas seulement cet être altier, impérieux, qui provoque l'insurrection par sa seule attitude; c'est encore ce subalterne dont la mauvaise tête ne veut admettre qu'il y ait quelque chose au-dessus d'elle.

Il y a positivement une quantité de gens que toute supériorité irrite. Pour eux, tout avis est une offense; toute critique, une imposture; tout ordre, un attentat à leur liberté. Ils ne sauraient souffrir de règle. Respecter quelque chose ou quelqu'un leur semble une aberration mentale. Ils nous disent à leur manière: hors nous il n'y a de place pour personne.

De la famille des orgueilleux, sont aussi tous ceux, intraitables et susceptibles à l'excès qui, dans les conditions humbles, trouvent que leurs supérieurs ne leur font jamais assez d'honneur; que le meilleur et le plus humain ne parvient pas à contenter et qui remplissent leur devoir avec des airs de victimes. Au fond de ces esprits chagrins, il y a trop d'amour-propre mal placé. Ils ne savent pas tenir leur poste simplement et compliquent leur vie et celle de autres par des exigences ridicules et d'injustes arrière-pensées.

    Quand on se donne la peine d'étudier les hommes de près, on est surpris de constater que l'orgueil ait tant de retraites parmi ceux qu'il est convenu d'appeler les humbles. Telle est la puissance de ce vice, qu'il parvient à former autour de ceux qui vivent dans les conditions les plus modestes, une épaisse muraille qui les isole de leur prochain. Ils sont là, retranchés, barricadés dans leurs ambitions et leurs dédains, aussi inabordables que les puissants de la terre derrière leurs préjugés aristocratiques. Obscur ou illustre, l'orgueil se drape dans sa royauté sombre d'ennemi du genre humain. Il est le même dans la misère et dans les grandeurs, impuissant et solitaire, se méfiant de tous, compliquant tout. Et jamais on ne pourra répéter assez que s'il y a entre les classes différentes tant de haine et d'hostilité, c'est moins aux fatalités extérieures que nous le devons, qu'à la fatalité intérieure. L'antagonisme des intérêts et le contraste des situations creusent des fossés entre nous, personne ne peut le nier; mais l'orgueil transforme ces fossés en abîmes, et au fond c'est lui seul qui crie d'une rive à l'autre: il n'y a rien de commun entre vous et nous.

    Nous n'en avons pas fini avec l'orgueil, mais impossible de le peindre sous toutes ses formes. Je lui en veux surtout lorsqu'il se mêle au savoir et qu'il le stérilise. Nous devons le savoir, comme la richesse et la puissance, à nos semblables. C'est une force sociale qui doit servir, et elle ne le peut que si ceux qui savent, restent par le cœur près de ceux qui ne savent pas. Quand le savoir se transforme en instrument d'ambition, il se détruit lui-même.

Que dire de l'orgueil des braves gens? car il existe, et il rend la vertu même haïssable. Le juste qui se repent du mal que font les autres, demeure dans la solidarité et dans la vérité sociale. Au contraire, le juste qui méprise les autres pour leurs fautes et leurs travers, se retranche de l'humanité, et ses qualités, descendues au rang d'un vain ornement de sa vanité, deviennent semblables à ces richesses que la bonté n'inspire pas, à cette autorité que ne tempère pas l'esprit d'obéissance. Autant que le riche orgueilleux et le maître arrogant, la vertu hautaine est détestable. Elle compose à l'homme des traits et une attitude où se révèle je ne sais quoi de provocateur. Son exemple nous éloigne au lieu de nous entraîner, et ceux qu'elle daigne honorer de ses bienfaits se sentent souffletés.

Résumons-nous et concluons:

C'est une erreur de penser que nos avantages quels qu'ils soient doivent être mis au service de notre vanité. Chacun d'eux constitue pour celui qui en jouit une obligation et non un motif de se glorifier. Les biens matériels, le pouvoir, le savoir, les qualités du cœur et de l'esprit deviennent autant de causes de discorde lorsqu'ils servent à nourrir l'orgueil. Ils ne restent bienfaisants que s'ils sont pour ceux qui les possèdent des sujets de modestie. Soyons humbles si nous possédons beaucoup, parce que cela prouve que nous sommes débiteurs: tout ce qu'un homme possède il le doit à quelqu'un, et sommes-nous sûrs de pouvoir payer nos dettes?

Soyons humbles si nous sommes revêtus d'importantes fonctions et si nous tenons dans nos mains le sort des autres, car il est impossible qu'un homme clairvoyant ne se sente pas au-dessous de si graves devoirs.

Soyons humbles si nous avons beaucoup de connaissances, car elles ne nous servent qu'à mieux constater la grandeur de l'inconnu et à comparer le peu que nous avons découvert par nous-mêmes à la masse de ce que nous devons à la peine d'autrui.

Enfin, soyons humbles surtout si nous sommes vertueux, parce que nul ne doit mieux sentir ses défauts que celui qui a la conscience exercée, et plus que personne il doit éprouver le besoin d'être indulgent pour autrui et de souffrir pour ceux qui font le mal.

—Et que faites-vous des distinctions nécessaires? me dira-t-on peut-être. À force de simplicité n'allez-vous pas effacer ce sentiment des distances qu'il importe de maintenir pour le bon fonctionnement d'une société?

—Je ne suis pas d'avis de supprimer les distances et les distinctions. Mais je pense que ce qui distingue un homme ne se trouve ni dans le grade, ni dans la fonction, ni dans l'uniforme, ni dans la fortune, mais uniquement en lui-même. Plus qu'aucun autre temps, le nôtre a percé à jour la vanité des distinctions purement extérieures. Pour être quelqu'un maintenant, il ne suffit plus de porter un manteau d'empereur ou une couronne royale; à quoi servirait-il de se prévaloir d'un galon, d'un blason ou d'un ruban? Certes, les signes extérieurs ne sont point condamnables, ils ont leur signification et leur utilité, mais à condition de couvrir quelque chose et non pas le vide. Le jour où ils ne correspondent plus à rien, ils deviennent inutiles et dangereux. La seule façon véritable de se distinguer est de valoir mieux. Si vous voulez que les distinctions sociales si nécessaires, si respectables en elles-mêmes, soient effectivement respectées, il faut d'abord vous en rendre dignes. Autrement vous contribuez à les faire haïr et mépriser. C'est une chose malheureusement trop certaine que le respect est en baisse parmi nous et ce n'est certes pas faute de distinctions propres à marquer ce qui veut être respecté. La cause du mal est dans ce préjugé qu'une haute situation dispense celui qui l'occupe d'observer les devoirs courants de la vie. En nous élevant, nous croyons nous affranchir de la loi. Et ainsi nous oublions que l'esprit d'obéissance et de modestie doit grandir avec la situation. Il en résulte que ceux qui réclament le plus de respect pour leur charge font aussi le moins d'efforts pour mériter ce respect. Voilà pourquoi le respect diminue.

La seule distinction nécessaire est celle qui consiste à vouloir être meilleur. L'homme qui s'efforce d'être meilleur devient plus humble, plus abordable, plus familier même avec ceux qui lui doivent le respect. Mais comme il gagne à être connu de près, la hiérarchie n'y perd rien, et il récolte d'autant plus de respect qu'il a semé moins d'orgueil.

L'éducation pour la simplicité

La vie simple étant surtout le produit d'une direction d'esprit, il est naturel que l'éducation doit avoir une grande influence dans ce domaine.

On ne pratique guère que deux manières d'élever les enfants:

La première consiste à élever ses enfants pour soi-même;

La deuxième consiste à les élever pour eux-mêmes.

Dans le premier cas, l'enfant est considéré comme un complément des parents. Il fait partie de leur avoir et occupe une place parmi les objets qu'ils possèdent. Tantôt cette place est la plus noble: quand les parents apprécient surtout la vie d'affections. Tantôt aussi, lorsque les intérêts matériels dominent, l'enfant vient en second, en troisième, en dernier lieu. En aucun cas, il n'est quelqu'un. Jeune, il gravite autour des parents, non seulement par l'obéissance, ce qui est légitime, mais par la subordination de toutes ses initiatives et de tout son être. À mesure qu'il avance en âge, cette subordination s'accentue et devient de la confiscation en s'étendant aux idées, aux sentiments, à tout. Sa minorité se perpétue. Au lieu d'évoluer lentement vers l'indépendance, l'homme progresse dans l'esclavage. Il est ce qu'on lui permet d'être, ce que le commerce, l'industrie de son père, ou encore ce que les croyances religieuses, les opinions politiques, les goûts esthétiques de son père, exigent qu'il soit. Il pensera, parlera, agira, se mariera, ou augmentera sa famille, dans le sens et dans la limite de l'absolutisme paternel. Cet absolutisme familial peut être pratiqué par des gens qui n'ont aucune volonté; il suffit qu'ils soient convaincus que le bon ordre exige que l'enfant soit la chose des parents. À défaut d'énergie ils s'empareront de lui par d'autres moyens, par les soupirs, les supplications, ou par de basses séductions. S'ils ne peuvent l'enchaîner, ils l'englueront et le prendront au piège. Mais il vivra en eux, par eux, pour eux, ce qui est la seule chose admissible.

Ce genre d'éducation n'est pas seulement pratiqué dans la famille mais aussi dans les grands organismes sociaux dont la fonction éducatrice principale consiste à mettre la main sur les nouveaux venus, afin de les enfermer de la façon la plus irrésistible dans les cadres existants. C'est la réduction, la trituration et l'absorption de l'individu dans un corps social, qu'il soit théocratique, communiste ou simplement bureaucratique et routinier. Vu du dehors, un pareil système semblerait être l'éducation simple par excellence. Ses procédés, en effet, sont absolument simplistes. Et si l'homme n'était pas quelqu'un, s'il n'était qu'un exemplaire de la race ce serait là l'éducation parfaite. De même que tous les animaux sauvages et tous les poissons et insectes du même genre et de la même espèce ont la même raie au même endroit, de même nous serions tous identiques, ayant mêmes goûts, même langue, même croyance et mêmes tendances. Mais l'homme n'est pas qu'un exemplaire de la race et c'est pour cela que ce genre d'éducation est loin d'être simple par ses effets. Les hommes varient tellement entre eux qu'il faut inventer des moyens innombrables pour réduire, endormir, éteindre la pensée individuelle. Et l'on n'y parvient qu'en partie, ce qui dérange tout perpétuellement. À chaque instant, par une fissure, la force intérieure d'initiative se fait jour avec violence et produit des explosions, des commotions, des désordres graves. Et là où rien ne se produit, où force reste à l'autorité extérieure, le mal gît au fond. Sous l'ordre apparent se cachent les révoltes sourdes, les tares contractées dans une existence anormale, l'apathie, la mort.

Le système est mauvais qui produit des fruits semblables et, quelque simple qu'il paraisse, au fond il engendre toutes les complications.

L'autre système est l'extrême opposé. Il consiste à élever les enfants pour eux-mêmes. Les rôles sont renversés: les parents sont là pour l'enfant. À peine est-il né qu'il devient le centre. La tête blanche des aïeux et la tête robuste du père s'inclinent devant cette tête bouclée. Son bégaiement est leur loi; un signe de lui suffit. Qu'il crie un peu fort dans son berceau, la nuit, il n'y a pas de fatigue qui tienne, il faut mettre toute la maison debout. Le dernier venu n'est pas long à s'apercevoir qu'il a la toute-puissance, et il ne marche pas encore qu'il a déjà le vertige du pouvoir. En grandissant cela ne fait que croître et embellir. Parents, grands-parents, domestiques, professeurs, tout le monde est à ses ordres. Il accepte les hommages et même l'immolation de son prochain; il traite en sujet récalcitrant quiconque ne se range pas sur son passage. Il n'y a que lui. Il est l'unique, le parfait, l'infaillible. On s'aperçoit trop tard qu'on s'est donné un maître et quel maître! oublieux des sacrifices, sans respect, sans pitié même. Il ne tient plus aucun compte de ceux à qui il doit tout et va par la vie sans loi ni frein.

Cette éducation a sa forme sociale, elle aussi. Elle fleurit partout où le passé ne compte pas, où l'histoire commence avec les vivants, où il n'y a ni tradition, ni discipline, ni respect, où ceux qui savent le moins ont le verbe le plus haut, où tous ceux qui ont à représenter l'ordre public s'inquiètent du premier venu dont la force consiste à crier fort et à ne respecter personne. Elle assure le règne des passions éphémères, le triomphe de l'arbitraire inférieur. Je compare ces deux éducations dont l'une est l'exaltation du milieu, l'autre l'exaltation de l'individu; l'une l'absolutisme de la tradition, l'autre la tyrannie des derniers venus, et je les trouve aussi funestes l'une que l'autre. Mais le plus funeste de tout c'est la combinaison des deux qui produit des êtres mi-partie automates, mi-partie despotes, oscillant sans cesse entre l'esprit moutonnier et l'esprit de révolte ou de domination.

Il ne faut élever les enfants ni pour eux-mêmes, ni pour les parents: car l'homme n'est pas plus destiné à être un personnage qu'un échantillon. Il faut les élever pour la vie. Leur éducation a pour but de les aider à devenir des membres actifs de l'humanité, des puissances fraternelles, de libres serviteurs de la cité. C'est compliquer la vie, la déformer, semer les germes de tous les désordres que de pratiquer une éducation qui s'inspire d'un autre principe.

Quand on veut résumer d'un mot la destinée de l'enfant, c'est le mot *avenir* qui monte aux lèvres. L'enfant est l'*avenir*. Ce mot dit tout: les peines passées, les efforts présents, les espérances. Or ce mot l'enfant est incapable d'en mesurer la portée au moment où l'éducation commence. Car à ce moment il est livré à la toute-puissance des impressions actuelles. Qui donc lui donnera les premiers éclaircissements et le mettra dans la voie qu'il doit suivre? Les parents, les éducateurs. Mais pour peu qu'ils réfléchissent, ils sentent que leur œuvre n'intéresse pas seulement eux et l'enfant, mais qu'ils exercent des pouvoirs et administrent des intérêts impersonnels. Il faut que l'enfant leur apparaisse constamment comme un futur citoyen. Sous l'influence de cette préoccupation ils auront deux soucis qui se compléteront l'un l'autre: le souci de la puissance initiale, individuelle, qui germe dans leur enfant et doit grandir, et la destination sociale de cette puissance. À aucun moment de leur action sur lui ils ne pourront oublier que ce petit être confié à leurs soins doit devenir *lui-même* et *fraternel*. Ces deux conditions, loin de s'exclure, ne se rencontrent jamais que combinées en une indissoluble union. Il est impossible d'être fraternel, d'aimer, de se donner, si l'on n'est pas maître de soi; et, réciproquement, nul ne peut se posséder, se saisir lui-même dans ce qu'il a de distinct, sans être descendu à travers les accidents de surface de son existence, jusqu'aux sources profondes de l'être, où l'homme se sent lié à l'homme par ce qu'il a d'intime.

Pour aider un enfant à devenir lui-même et fraternel, il faut le défendre contre l'action violente et pernicieuse des forces de désordre.

Ces forces sont extérieures et intérieures. Chacun au dehors est menacé non seulement par les dangers matériels, mais par l'ingérence violente des volontés étrangères; au dedans, par le sentiment exagéré de son moi et par toutes les fantaisies que ce sentiment entendre. Le danger extérieur est très grand qui peut naître de l'influence abusive des éducateurs. Le droit du plus fort s'introduit dans l'éducation avec une facilité extrême. Pour faire une éducation, il faut avoir renoncé à ce droit, c'est-à-dire fait abnégation du sentiment inférieur de notre personne qui nous transforme en ennemis d'autrui, même de nos enfants. Notre autorité n'est bonne que si elle s'inspire d'une autre, supérieure à nous-mêmes. Dans ce cas non seulement elle est salutaire, mais aussi indispensable, et devient la meilleure garantie à son tour contre le plus grand péril intérieur qui menace un être: celui de s'exagérer sa propre importance. Au commencement de la vie, la vivacité des impressions personnelles est si grande qu'il faut, pour rétablir l'équilibre, la soumettre à l'influence pacifiante d'une volonté calme et supérieure. Le propre de la fonction éducatrice est de représenter cette volonté auprès de l'enfant, d'une façon aussi continue, aussi désintéressée que possible. Les éducateurs représentent alors tout ce qu'il y a de respectable dans le monde. Ils donnent à l'être qui entre dans la vie l'impression de quelque chose qui le précède, le dépasse, l'enveloppe; mais ils ne l'écrasent pas; au contraire leur volonté et toutes les influences qu'ils lui transmettent, deviennent des éléments nutritifs de sa propre énergie. Pratiquer ainsi l'influence, c'est cultiver l'obéissance féconde, celle d'où naissent les caractères libres. L'autorité purement personnelle des parents, des maîtres, des institutions est à l'enfant ce que sont à une jeune plante les broussailles touffues sous lesquelles elle s'étiole et meurt. L'autorité impersonnelle, celle qui appartient à l'homme qui s'est soumis d'abord aux réalités vénérables devant lesquelles il veut plier la fantaisie individuelle d'un enfant, ressemble à l'atmosphère pure et lumineuse. Elle est certes active et nous influence à sa façon, mais elle nourrit et affermit notre vie propre. Sans cette autorité, point d'éducation. Surveiller, diriger, résister, telle est la fonction de l'éducateur: il doit apparaître à l'enfant non comme une barrière de fantaisie qu'à la rigueur on sauterait pourvu que le bond soit proportionné à la hauteur de l'obstacle; mais comme une muraille transparente à travers laquelle s'aperçoivent des réalités immuables, des lois, des bornes, des vérités contre lesquelles il n'y a aucune action possible. Ainsi naît le respect qui est en chacun la faculté de concevoir ce qui est plus grand que lui-même, le respect qui nous grandit et nous affranchit en nous rendant modestes. Voilà la loi de l'éducation pour la simplicité. Elle peut se résumer en ces mots: former des hommes *libres et respectueux*, des hommes qui soient eux-mêmes et fraternels.

    Déduisons de ce principe quelques applications pratiques.

Par cela même que l'enfant est l'avenir, il faut le lier au passé par la piété. Nous lui devons de revêtir la tradition, des formes les plus pratiques et les plus susceptibles de créer une forte impression. De là la place exceptionnelle que doivent tenir dans une éducation et dans une maison, les anciens, le culte du souvenir, et par extension, l'histoire du foyer domestique. C'est surtout envers nos enfants que nous remplissons un devoir, lorsque nous assignons en toute chose la place d'honneur aux grands-parents. Rien ne parle avec autant de force à un enfant et ne développe davantage en lui les sentiments de modestie, que s'il voit son père et sa mère observer, en toute occasion, vis-à-vis d'un vieux grand-père, quelquefois infirme, une attitude de respect. Il y a là une leçon de choses perpétuelle à laquelle on ne résiste pas. Pour qu'elle ait sa force entière, il est nécessaire que, dans une maison, un accord tacite règne entre toutes les personnes adultes. Aux yeux de l'enfant elles sont toutes solidaires, tenues de se respecter, de s'entendre, sous peine de compromettre l'autorité éducatrice. Et, au nombre de ces personnes, il faut comprendre les domestiques. Un domestique est une grande personne et c'est le même sentiment de respect qui se trouve blessé lorsqu'un enfant manque d'égards pour un serviteur ou lorsqu'il en manque pour son père ou son grand-père. Aussitôt qu'il adresse une parole impolie ou arrogante à une personne plus âgée, il sort du chemin qu'un enfant ne doit point quitter, et pour peu que les parents négligent de l'avertir, ils s'apercevront bientôt à sa conduite envers eux-mêmes que l'ennemi est entré dans son cœur.

On se trompe si l'on croit que l'enfant est naturellement éloigné du respect, et en appuyant cette opinion sur les exemples si nombreux d'irrévérence que nous présente le jeune âge. Au fond le respect est un besoin pour l'enfant. Son être moral s'en nourrit. L'enfant aspire confusément à respecter et à admirer quelque chose. Mais lorsqu'on ne tire point partie de cette aspiration, elle se perd et se corrompt. Par notre manque de cohésion et de déférence mutuelle, nous, les grands, nous discréditons tous les jours aux yeux de l'enfant notre propre cause et celle de toutes les choses respectables. Nous lui inoculons le mauvais esprit dont les effets se tournent ensuite contre nous.

Cette triste vérité n'apparaît nulle part avec plus de force que dans les rapports entre maîtres et serviteurs tels que nous les avons créés. Nos fautes sociales, notre manque de simplicité et de bonté retombent sur la tête de nos enfants. Il y a certainement peu de bourgeois qui comprennent qu'il vaut mieux perdre plusieurs milliers de francs que de faire perdre à ses enfants le respect pour les domestiques, qui représentent dans nos maisons la catégorie des humbles. Rien n'est plus vrai pourtant. Maintenez tant que vous voudrez les conventions et les distances, cette sorte de délimitation des frontières sociales qui permet à chacun de rester à sa place et d'observer la hiérarchie. C'est une bonne chose, j'en suis persuadé, mais à condition de ne jamais oublier que ceux qui nous servent sont des hommes au même titre que nous. Vous imposez à vos domestiques des formules de langage et des attitudes, signes extérieurs du respect qu'ils vous doivent. Enseignez-vous aussi à vos enfants et employez-vous personnellement, des procédés qui font comprendre à vos serviteurs, que vous respectez leur dignité individuelle comme vous désirez qu'ils vous respectent? Vous avez là chez tous à toute heure un excellent terrain d'étude pour vous entraîner à la pratique du respect mutuel qui est une des conditions essentielles de la santé sociale. Je crains qu'on en profite trop peu. Vous exigez bien le respect, mais vous ne le pratiquez point. Aussi vous n'obtenez le plus souvent que de l'hypocrisie et vous avez pour résultat supplémentaire, très inattendu:

d'avoir cultivé l'orgueil dans vos enfants. Ces deux facteurs combinés amassent de grosses difficultés pour cet avenir que vous devez sauvegarder. J'ai donc raison de dire que vous avez fait une perte sensible le jour où vous avez, par vos habitudes et vos pratiques, amené la diminution du respect.

Pourquoi ne le dirais-je pas? Il me semble que la plupart d'entre nous travaillent à cette diminution. Partout et dans presque toutes les classes sociales, je remarque qu'on entretient un assez mauvais esprit dans l'enfance, un esprit de mépris réciproque. Ici, on méprise quiconque a des mains calleuses et des habits de travail; là, on méprise quiconque ne porte pas le bourgeron. Les enfants élevés dans cet esprit-là feront un jour de tristes concitoyens. Tout cela manque absolument de cette simplicité qui fait que des hommes de bonne volonté aux divers degrés d'une société peuvent collaborer ensemble, sans être gênés par les distances accessoires qui les séparent.

Si l'esprit de caste fait perdre le respect, l'esprit de parti, quel qu'il soit, le fait perdre tout autant. Dans certains milieux on élève les enfants de telle sorte qu'ils ne vénèrent qu'une seule patrie, la leur, une seule politique, celle de leurs parents et maîtres, une seule religion, celle qu'on leur inculque. S'imagine-t-on vraiment former ainsi des êtres respectueux de la patrie, de la religion, de la loi? Est-il de bon aloi, le respect qui ne s'étend qu'à ce qui nous touche ou nous appartient? Singulier aveuglement des cliques et des coteries qui s'arrogent avec tant d'ingénue complaisance le titre d'écoles de respect et qui, hormis elles, ne respectent rien. Au fond elles disent: la patrie, la religion, la loi c'est nous! Un pareil enseignement engendre le fanatisme. Or si le fanatisme n'est pas l'unique ferment antisocial, il est certes l'un des pires et des plus énergiques.

Si la simplicité du cœur est une condition essentielle du respect, la simplicité de vie en est la meilleure école. Quelle que soit votre condition de fortune, évitez tout ce qui peut faire croire à vos enfants qu'ils sont plus que les autres. Lors même que votre situation vous permettrait de les habiller richement, songez au dommage que vous pouvez leur causer en excitant leur vanité. Préservez-les du malheur de jamais croire qu'il suffise d'être vêtu avec recherche pour posséder la distinction, et surtout n'augmentez pas de gaîté de cœur, par leur costume et leurs habitudes, les distances qui les séparent déjà de leurs semblables. Habillez-les simplement. Que si, au contraire, il vous fallait faire des efforts d'économie pour offrir à vos enfants le plaisir d'être vêtus avec élégance, je vous engagerais à réserver pour une meilleure cause votre esprit de sacrifice. Vous risqueriez de le voir mal récompensé. Vous semez votre argent, alors qu'il vaudrait mieux l'épargner pour des besoins sérieux; vous vous préparez pour plus tard une moisson d'ingratitude. Combien il est dangereux d'habituer vos fils et vos filles à un genre de vie qui dépasse vos moyens et les leurs! D'abord cela fait très mal à la bourse; en second lieu, cela développe l'esprit du mépris au sein même de la famille. Si vous habillez vos enfants comme de petits seigneurs et leur donnez à croire qu'ils vous sont supérieurs, quoi d'étonnant qu'ils finissent par vous dédaigner! Vous aurez nourri à votre table des déclassés. Or ce genre de produit coûte fort cher et ne vaut rien.

Il y a aussi une certaine façon d'instruire les enfants qui a pour résultat le plus clair de les amener à mépriser leurs parents, leur milieu, les mœurs et les labeurs au milieu desquels ils ont grandi. Une telle instruction est une calamité. Elle n'est bonne qu'à produire une légion de mécontents qui se séparent par le cœur de leur souche, de leur origine, de leurs affinités, de tout ce qui, en somme, fait l'étoffe première d'un homme. Une fois détachés de l'arbre robuste qui les a produits, le vent de leur ambition égarée les promène par la terre comme des feuilles mortes qui vont s'amasser en certains endroits, fermenter et pourrir les unes sur les autres.

La nature ne procède pas par sauts et par bonds, mais par évolution lente et sûre. Imitons-la dans notre façon de préparer une carrière à nos enfants. Ne confondons pas le progrès et l'avancement avec ces exercices violents qu'on appelle des sauts périlleux. N'élevons pas nos enfants de telle sorte qu'ils en viennent à mépriser les travaux, les aspirations et l'esprit de simplicité de la maison paternelle: ne les exposons pas à la tentation mauvaise d'avoir honte de notre pauvreté, s'ils parviennent jamais eux mêmes à la fortune. Une société est bien malade le jour où les fils de paysans commencent à se dégoûter des champs, où les fils des matelots désertent la mer, où les filles d'ouvriers dans l'espoir d'être prises pour des héritières, préfèrent marcher seules dans la rue qu'au bras de leurs braves parents. Une société est saine, au contraire, lorsque chacun de ses membres s'applique à faire à peu près ce que firent ses parents, mais mieux, et visant à s'élever, se contente d'abord des fonctions plus modestes en les remplissant avec conscience.

L'éducation doit former des hommes libres. Si vous voulez élever vos enfants pour la liberté, élevez-les simplement et ne craignez pas surtout de nuire ainsi à leur bonheur. Bien au contraire. Plus un enfant a de joujoux luxueux, de fêtes et de plaisirs recherchés, moins il s'amuse. Il y a là une indication sûre. Soyons sobres dans nos moyens de réjouir et de divertir la jeunesse et surtout ne créons pas à la légère des besoins factices. Nourriture, vêtement, logement, distractions, que tout cela soit aussi naturel et aussi peu compliqué que possible. Pour rendre aux enfants la vie agréable, certains parents leur donnent des habitudes de gourmandise et de paresse, leur font éprouver des excitations incompatibles avec leur âge, multiplient les invitations et les spectacles. Tristes présents que tout cela. Au lieu d'un homme libre vous élevez un esclave. Trop habitué au luxe, il s'en fatiguera, et pourtant lorsque pour l'une ou l'autre raison ses aises lui manqueront, il sera malheureux et vous avec lui: et, ce qui est pire, vous serez peut-être tous ensemble disposés dans les grandes occasions de la vie à sacrifier la dignité humaine, la vérité, le devoir, par pure lâcheté.

Élevons donc nos enfants simplement, je dirais presque durement; entraînons-les aux exercices fortifiants, aux privations même. Qu'ils soient de ceux qui soient mieux préparés à coucher sur la dure, à supporter des fatigues, qu'à savourer les plaisirs de la table et le confort d'un lit. Ainsi nous en ferons des hommes indépendants et solides sur lesquels on puisse compter, qui ne se vendront pas pour un peu de bien-être et qui néanmoins, plus que personne, auront la faculté d'être heureux.

Une vie trop facile amène une sorte de lassitude dans l'énergie vitale. On devient un blasé, un désillusionné, un jeune vieux, inamusable. Combien d'enfants et de jeunes gens sont aujourd'hui dans ce cas. Sur eux se sont posées, comme de tristes moisissures, les traces de nos décrépitudes, de notre scepticisme, de nos vices, et des mauvaises habitudes qu'ils ont contractées en notre compagnie. Que de retours sur nous-mêmes ces jeunesses fanées nous font faire! Que d'avertissements gravés sur ces fronts!

Ces ombres nous disent par le contraste même que le bonheur consiste à être un vrai vivant, actif, prime-sautier, vierge du joug des passions, des besoins factices, des excitations maladives, ayant gardé dans son corps la faculté de jouir de la lumière du jour, de l'air qu'on respire; et dans son cœur, la capacité d'aimer et d'éprouver avec puissance tout ce qui est généreux, simple et beau.

La vie factice engendre la pensée factice et la parole mal assurée. Des habitudes saines, des impressions fortes, le contact ordinaire avec la réalité amènent naturellement la parole franche. Le mensonge est un vice d'esclave, le refuge des lâches et des mous. Quiconque est libre et ferme est aussi franc du collier. Encourageons chez nos enfants l'heureuse hardiesse de tout dire sans mâcher leurs paroles! Que fait-on d'ordinaire? On refoule, on nivelle les caractères, en vue de l'uniformité qui pour le grand troupeau est synonyme du bon ton. Penser avec son esprit, sentir avec son cœur, exprimer le vrai moi, quelle inconvenance, quelle rusticité! — Oh! l'atroce éducation que celle qui consiste à perpétuellement étouffer en chacun de nous la seule chose qui lui donne sa raison d'être. De combien de meurtres d'âmes nous nous rendons coupables! Les unes sont assommées à coups de crosse, les autres doucement étouffées entre deux édredons! Tout conspire contre les caractères indépendants. Petit, on désire nous voir comme des images ou des poupées; grands, on nous aime à condition que nous soyons comme tout le monde, des automates: quand on en a vu un, on les connaît tous. C'est pour cela que le manque d'originalité et d'initiative nous a gagnés et que la platitude et la monotonie sont les marques distinctives de notre vie. La vérité nous affranchira: apprenons à nos enfants à être eux-mêmes, à donner leur son, sans fêlure ni sourdine. Faisons-leur de la loyauté un besoin, et dans leurs plus graves manquements, pourvu qu'ils les avouent, comptons-leur comme un mérite d'avoir été méchants à visage découvert.

À la franchise associons la naïveté dans notre sollicitude d'éducateurs. Ayons pour cette compagne de l'enfance, un peu sauvage, mais si gracieuse et si bienfaisante, tous les égards possibles. Ne l'effarouchons pas. Quand elle s'est enfuie d'un endroit, il est si rare qu'elle revienne jamais. La naïveté n'est pas seulement la sœur de la vérité, la gardienne des qualités propres de chacun, elle est encore une grande puissance éducatrice et révélatrice. Je vois autour de nous trop de gens soi-disant positifs, qui sont armés de lunettes terrifiantes et de grands ciseaux pour dénicher les choses naïves et leur rogner les ailes. Ils extirpent la naïveté de la vie, de la pensée, de l'éducation et la poursuivent même jusqu'aux régions du rêve. Sous prétexte de faire de leurs enfants des hommes, ils les empêchent d'être des enfants, comme si, avant les fruits mûrs de l'automne, il ne fallait pas les fleurs, les parfums, les chants, la féerie du printemps.

Je demande grâce pour tout ce qui est naïf et simple, non seulement pour ces gentillesses innocentes qui voltigent autour des têtes bouclées, mais aussi pour la légende, la naïve chanson, les récits du monde des merveilles et du mystère. Le sens du merveilleux est dans l'enfant la première forme de ce sens de l'infini sans lequel un homme est comme un oiseau privé d'ailes. Ne sevrons pas l'enfance du merveilleux, afin de lui garder la faculté de s'élever au-dessus du terre à terre et d'apprécier plus tard ces pieux et touchants symboles des âges disparus, où la vérité humaine a trouvé des expressions que notre aride logique ne remplacera jamais.

Conclusion.

Je pense avoir suffisamment indiqué l'esprit et les manifestations de la vie simple pour faire entrevoir qu'il y a là tout un monde oublié de force et de beauté. Ceux-là pourraient en faire la conquête qui auraient l'énergie suffisante pour se détacher des inutilités funestes dont notre existence est embarrassée. Ils ne tarderaient pas à s'apercevoir que, en renonçant à quelques satisfactions de surface, à quelques ambitions puériles, on augmente sa faculté d'être heureux et son pouvoir pour la justice. Ces résultats portent autant sur la vie privée que sur la vie publique. Il est incontestable que, en luttant contre la tendance fiévreuse de briller, en cessant de faire de la satisfaction de nos désirs le but de notre activité, en revenant aux goûts modestes, à la vie vraie, nous travaillerions à consolider la famille.

Un autre esprit soufflerait dans nos maisons, créant des mœurs nouvelles et un milieu plus favorable à l'éducation de l'enfance. Peu à peu nos jeunes gens et nos jeunes filles se sentiraient dirigés vers un idéal plus élevé et en même temps plus réalisable. Cette transformation intérieure exercerait à la longue son influence sur l'esprit public. De même que la solidité d'un mur dépend du grain des pierres et du degré de consistance du ciment qui les agglutine, de même l'énergie de la vie publique dépend de la valeur individuelle des citoyens et de leur puissance de cohésion. Le grand desideratum de notre époque est la culture de l'élément social qui est l'individu humain. Tout dans l'organisation actuelle de la société nous ramène à cet élément. En le négligeant nous sommes exposés à perdre le bénéfice du progrès et même à faire tourner contre nous les efforts les plus persévérants. Au sein d'un outillage sans cesse perfectionné, s'il advient que l'ouvrier diminue de valeur, à quoi servent les engins dont il dispose? À empirer par leurs qualités même les fautes de celui qui les manie sans discernement ou sans conscience. Les rouages de la grande machine moderne sont infiniment délicats. La malveillance, l'impéritie, ou la corruption, peuvent y produire des troubles autrement redoutables que dans l'organisme plus ou moins rudimentaire de la société d'autrefois. Il nous faut donc veiller à la qualité de l'individu appelé, dans une mesure quelconque, à contribuer au fonctionnement de cette machine. Que cet individu soit à la fois solide et liant, qu'il s'inspire de la loi centrale de vie: être soi-même et fraternel. Tout en nous et hors de nous se simplifie et s'unifie sous l'influence de cette loi, qui est la même pour tous et à laquelle chacun doit ramener ses actions; car nos intérêts essentiels ne sont point contraires, ils sont identiques. En cultivant l'esprit de simplicité nous arriverions donc à donner à la vie publique une plus forte cohésion.

Les phénomènes de décomposition et de délabrement que nous y remarquons se ramènent tous à la même cause: manque de solidité et manque de cohésion.

On ne dira jamais assez combien le triomphe des petits intérêts de caste, de coterie, de clocher, l'âpre recherche du bien-être personnel, sont contraires au bien social, et, par une conséquence fatale, détruisent le bonheur de l'individu. Une société dans laquelle chacun n'est préoccupé que de son bien-être individuel est le désordre organisé. Il ne sort pas d'autre enseignement des conflits irréductibles de nos égoïsmes intransigeants.

Nous ressemblons trop à ces gens qui ne se réclament de leur famille que pour lui demander des avantages, mais non pour lui faire honneur. À tous les degrés de l'échelle sociale, nous pratiquons la revendication. Nous nous prétendons tous créanciers, personne ne se reconnaît débiteur. Nos rapports avec nos concitoyens consistent à les inviter, sur un ton aimable ou arrogant, à s'acquitter envers nous de leurs dettes. On n'arrive à rien de bon avec cet esprit-là. Car au fond c'est l'esprit du privilège, cet éternel ennemi de la loi commune, cet obstacle sans cesse renaissant à une entente fraternelle.

Dans une conférence qu'il faisait en 1882, M. Renan disait qu'une nation est «une famille spirituelle», et il ajoutait: «L'essence d'une nation est que tous les individus aient beaucoup de choses en commun et aussi que tous aient oublié bien des choses». Il importe de savoir ce qu'il faut oublier et ce dont il faut se souvenir, non seulement dans le passé mais dans la vie de tous les jours. Ce qui nous divise encombre nos mémoires, ce qui nous unit s'en efface. Chacun, au point le plus lumineux de son souvenir, garde le sentiment vif, aigu, de sa qualité accessoire, qui est d'être un personnage, cultivateur, industriel, lettré, fonctionnaire, prolétaire, bourgeois, ou encore un sectaire politique ou religieux; mais sa qualité essentielle, qui est d'être un enfant du pays et un homme, se trouve reléguée dans l'ombre. C'est à peine s'il en garde une notion théorique. Il en résulte que ce qui nous occupe et nous dicte nos actions est précisément ce qui nous sépare des autres, et il ne reste presque pas de place pour cet esprit d'union qui est comme l'âme d'un peuple.

Il en résulte encore que nous entretenons de préférence les mauvais souvenirs dans l'esprit de nos semblables. Des hommes animés de l'esprit particulariste, exclusif, hautain, se froissent journellement les uns les autres. Ils ne peuvent se rencontrer sans réveiller le sentiment de leurs divisions et de leurs rivalités. Lentement il s'amasse ainsi dans leur souvenir une provision de mauvaise volonté réciproque, de méfiance, de rancune. Tout cela, c'est le mauvais esprit avec ses conséquences.

Il faut l'extirper de notre milieu. Souviens-toi, oublie! c'est ce qu'il faudrait nous dire tous les matins, dans toutes nos relations et toutes nos fonctions. Souviens-toi de l'essentiel, oublie l'accessoire! Comme on remplirait mieux ses devoirs de citoyen, si le plus humble et le plus élevé se nourrissaient de cet esprit! Comme on cultiverait les bons souvenirs dans l'esprit de son prochain en y semant des actions aimables; en lui épargnant les procédés dont il est obligé de dire malgré lui, la haine au cœur: «cela, je ne l'oublierai jamais!»

L'esprit de simplicité est un bien grand magicien. Il corrige les aspérités, il construit des ponts par-dessus les crevasses et les abîmes, il rapproche les mains et les cœurs. Les formes qu'il revêt dans le monde sont en nombre infini. Mais jamais il ne nous paraît plus admirable que lorsqu'il se fait jour à travers les barrières fatales des situations, des intérêts, des préjugés, triomphant des pires obstacles, permettant à ceux que tout semble séparer, de s'entendre, de s'estimer, de s'aimer. Voilà le vrai ciment social, et c'est avec ce ciment-là que se bâtit un peuple.